Irmgard Kneißler

Einfaches Origami

Urania-Ravensburger

Alle in diesem Buch veröffentlichten Abbildungen und Modelle sind urheberrechtlich geschützt und dürfen nur mit ausdrücklicher schriftlicher Genehmigung des Verlages und der Urheber gewerblich genutzt werden.

Die Deutsche Bibliothek – CIP – Einheitsaufnahme
Kneißler, Irmgard:
Einfaches Origami / Irmgard Kneißler. –
Berlin : Urania-Ravensburger, 1999
ISBN 3-332-00731-9

© 1999 Urania-Ravensburger in der
Dornier Medienholding GmbH, Berlin
Alle Rechte vorbehalten
Umschlaggestaltung: Morian & Bayer-Eynck, Coesfeld
Zeichnungen: Bernd Burkart, Stuttgart
Fotos: Alfons Glocker, Aalen, Peter Ruprecht, Dinkelsbühl
Satz: E. Weishaupt, Meckenbeuren
Gesamtherstellung: Magdeburger Druckerei
Printed in Germany
02 01 00 99 4 3 2 1
ISBN 3-332-00731- 9

Inhalt

	5	*Einleitung*
	7	*Zeichenerklärungen*
	9	*Alle Origami-Begriffe auf einen Blick*
	11	*Die Grundformen*
	11	Grundform A
	16	Grundform B
	17	Grundform C
	18	Grundform D
	19	Grundform E
	20	*Enzianblüte*
	21	*Schwertlilie*
	25	*Wilde Nelke*
	26	*Kirschblüte*
	27	*Frosch*
	28	*Kaninchen*
	31	*Seehund*
	34	*Pfau*
	38	*Dromedar*

42	*Schwein*
45	*Wolf*
49	*Pferd*
52	*Affe*
57	*Elefant*
62	*Eule*

Einleitung

Was ist Origami?

Origami ist die traditionsreiche japanische Kunst des Papierfaltens. Im Laufe der Jahrhunderte fanden die Papierkünstler immer neue Faltmöglichkeiten und Faltfolgen, mit deren Hilfe heute Modelle in höchster Vollendung entstehen. Es ist deshalb kein Wunder, daß diese Kunst als Gestaltungselement für das einfache Material Papier in der ganzen Welt Freunde und Anhänger gefunden hat. Die japanische Falttechnik, die dort entwickelten Grundformen und Faltfolgen werden am besten an vorgezeichneten Modellen, wie sie hier zusammengestellt sind, erlernt. Schon allein dieses Nachvollziehen ist ein reiches Erlebnis. Die dabei erworbenen Kenntnisse machen es aber auch möglich, andere und vielleicht ganz neue Modelle frei und nach eigener Phantasie zu gestalten.

Welches Material braucht man?

Einziges Material ist Papier, und zwar möglichst dünnes, reiß- und streichfestes. Streichfest ist ein Papier, das sich beim Einstreichen der Falten nicht dehnt und wellig wird. Günstig ist ein Papier mit einer farbigen und einer weißen Seite, weil die zweite Farbe oft als Gestaltungselement dient.
Eine Schere wird höchstens zum Zuschneiden der Faltblätter benötigt. Ein Falzbein zum Einstreichen der Falten kann nützlich sein. Klebstoff braucht man für die Modelle selbst nicht, es sei denn, man möchte sie auf einen Untergrund kleben, auf einen Brief oder ein Geschenkpaket (oder wenn man die Figuren ausschmücken

möchte, zum Beispiel durch Aufkleben von Augen bei Tierfiguren, was allerdings nicht unbedingt der japanischen Tradition entspricht).

Was kann man mit Origami anfangen?

Origami-Figuren können nicht maschinell hergestellt werden, und deshalb sind sie auch nicht käuflich. Jede gefaltete Origami-Figur ist daher ein Original und somit etwas Besonderes. Die Figuren eignen sich für Tischkarten und Einladungen, als Schmuck für Briefe und Geschenkpäckchen, und weil sie außergewöhnlich sind, finden sie auch außergewöhnliche Beachtung.
Manche Modelle sind ein reizvoller und origineller Tischschmuck, zumal sich einige auch aus Papierservietten falten lassen. Vögel und Fische lassen sich zu federleichten Mobiles vereinen.

Grundregeln der Faltkunst

1. Es wird stets auf einem festen, glatten Untergrund gefaltet.

2. Alle Falten werden so genau und gerade wie möglich ausgeführt.

3. Alle Falten werden mit Daumennagel oder Falzbein fest eingestrichen.

4. Das gewählte Papier soll in Farbe und Beschaffenheit möglichst gut zu der gewünschten Figur passen.

5. Nach jedem Faltgang wird die Arbeit genau in die aus der Zeichnung ersichtliche Lage gebracht.

6. Bei jedem Faltgang wird bereits die nächste Arbeitsskizze ins Auge gefaßt, weil sie das Ergebnis des gerade zu vollziehenden Arbeitsganges zeigt.

Zeichenerklärungen

Vor der ersten Arbeitsanleitung hier zunächst die Erklärung immer wiederkehrender Symbole in den Zeichnungen und wichtiger Begriffe.

So stehen in den Zeichnungen die Kennbuchstaben für hinten oder innen liegende Ecken, Spitzen oder andere Teile in einem Kreis (Abb. 1).

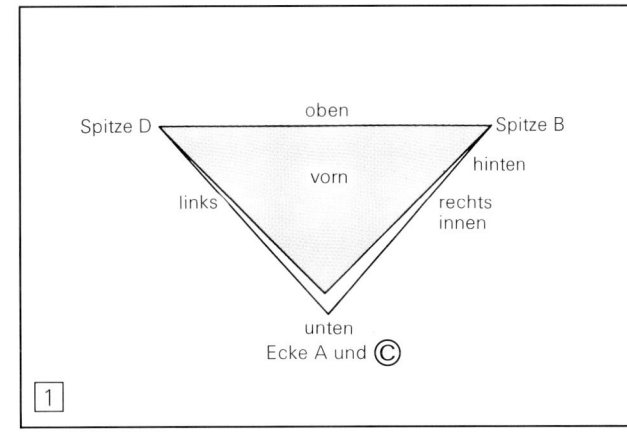

„Oben" heißt: vom Körper wegweisend; „unten": zum Körper weisend; „hoch": senkrecht auf der Arbeit stehend (Abb. 2).

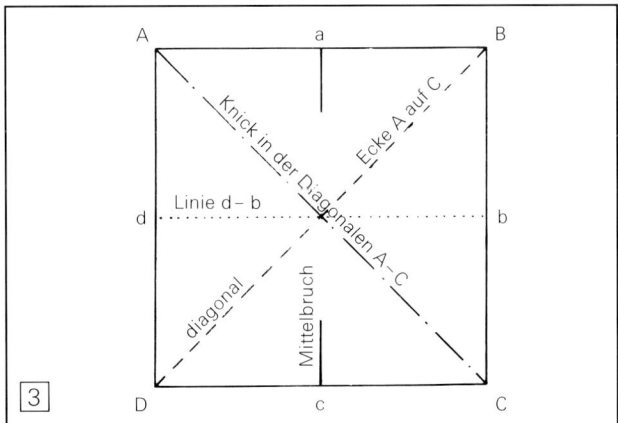

Eine gestrichelte Linie kennzeichnet eine Talfalte; punktierte Linie = Bergfalte; angedeutete Linie = Bruch (Abb. 3). Strichpunktlinie = Knick

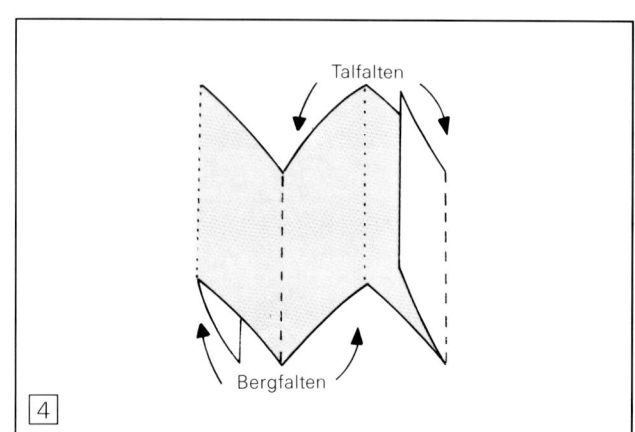

„Talfalten" werden nach vorn gefaltet; „Bergfalten" werden nach hinten gefaltet (Abb. 4).

Eine „Gegenbruchfalte nach außen" wird durch eine gestrichelte Linie dargestellt; eine „Gegenbruchfalte nach innen" wird durch eine punktierte Linie dargestellt (Abb. 5).

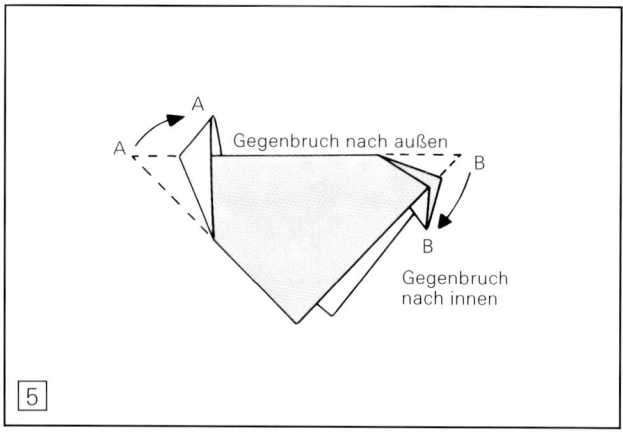

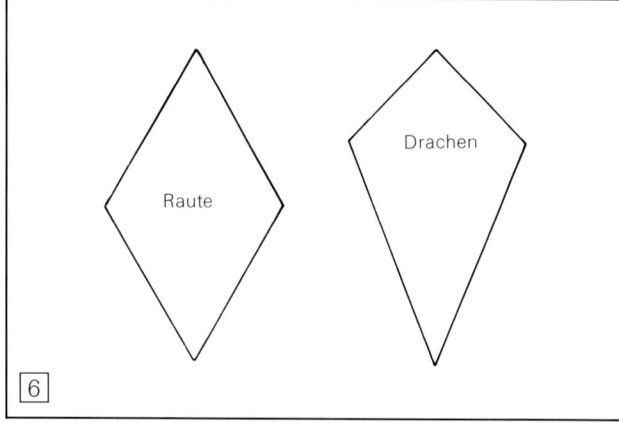

Formen, die während des Faltens häufig entstehen (Abb. 6).

Alle Origami-Begriffe auf einen Blick

Talfalte: Sie wird nach vorn ausgeführt. Der Bruch der wieder geöffneten Falte liegt tief, bildet also ein Tal (Abb. 4, Seite 8);

Bergfalte: Sie wird nach hinten ausgeführt. Der Bruch der wieder geöffneten Falte liegt hoch, bildet also einen Berg (Abb. 4, Seite 8);

Ecke: Kann recht- oder stumpfwinklig sein (Abb. 1, Seite 7);

Spitze: s. Abb. 1, Seite 7;

Bruch: Eine wieder geöffnete Falte (Abb. 3, Seite 7);

Mittelbruch: Läuft durch die Mitte der Arbeit oder des gerade zu faltenden Teils (Abb. 3, Seite 7);

Diagonale: Eine von Ecke zu Ecke schräg durch die Mitte laufende Linie (Abb. 3, Seite 7);

Linie: Verbindung von Punkt zu Punkt, z. B. **d – b** (Abb. 3, Seite 7);

Oben: Kante, Ecke oder Spitze, die vom Körper weg weist (Abb. 1, Seite 7);

Unten: Kante, Ecke oder Spitze, die zum Körper weist (Abb. 1, Seite 7);

Vorn: Dem Beschauer zugekehrte sichtbare Seite (Abb. 1, Seite 7);

Hinten: Teil der Arbeit, der auf dem Tisch liegt. Die Kennbuchstaben dieses Teils oder dieser Spitze, Ecke usw. sind eingekreist (Abb. 1, Seite 7);

Rechts, links: Teile, die rechts oder links vom Mittelbruch liegen (Abb. 1, Seite 7);

Außen: Hintere und vordere Seite der Arbeit (Abb. 1, Seite 7);

Innen: Alles, was zwischen dem hinteren und vorderen Teil liegt. Die Kennzeichen der innen liegenden Teile, Ecken oder Spitzen sind eingekreist (Abb. 1, Seite 7);

Hoch: Senkrecht auf der liegenden Arbeit stehend (Abb. 2, Seite 7);

Öffnen: Den letzten Faltgang rückgängig machen;

Drehen: Die Arbeit um den Mittelpunkt drehen, ohne das Faltblatt zu heben;

Wenden: Die Vorderseite auf den Untergrund nach hinten legen, die hintere Seite ist nun vorn;

Klappen: Einen Teil der Arbeit in einem vorhandenen Bruch zur anderen Seite legen;

Ziehen: Den bezeichneten Punkt fassen und auf den angegebenen Punkt legen;

Knicken: Falten und wieder öffnen, um in der angegebenen Linie einen Bruch zu erhalten;

Gegenbruch: Eine vorhandene Falte in ihrem Bruch genau zur entgegengesetzten Seite falten;

Gegenbruch nach außen: Die bisher innen gelegenen Seiten liegen hinten und vorn außen auf der Arbeit (Abb. 5, Seite 8);

Gegenbruch nach innen: Die bisher außen gelegenen Seiten liegen nach Ausführung innen zwischen dem vorderen und hinteren Teil der Arbeit (Abb. 5, Seite 8).

Die Grundformen

Grundübungen am Beispiel einer Ente

Die erste Zeichnung einer Arbeitsanleitung zeigt jeweils die Grundform, aus der die Figur entwickelt wird. In dieser Zusammenstellung sind Figuren aus fünf verschiedenen Grundformen aufgenommen, es gibt aber wesentlich mehr. Die Anweisungen zum Falten einer Grundform werden nicht bei jeder Figur wiederholt, sondern nur einmal erläutert und dann als bekannt vorausgesetzt. Nur bei dieser Übungsfigur wird auch die Grundform ausführlich erklärt, ebenso wie die einzelnen Arbeitsgänge, für die in der Folge bei allen übrigen Figuren nur kurze Anweisungen gegeben werden. Bei einiger Übung im Lesen der Zeichnungen werden sogar diese Kurzanleitungen nahezu überflüssig, weil die Zeichnungen selbst alles erklären.

Grundform A

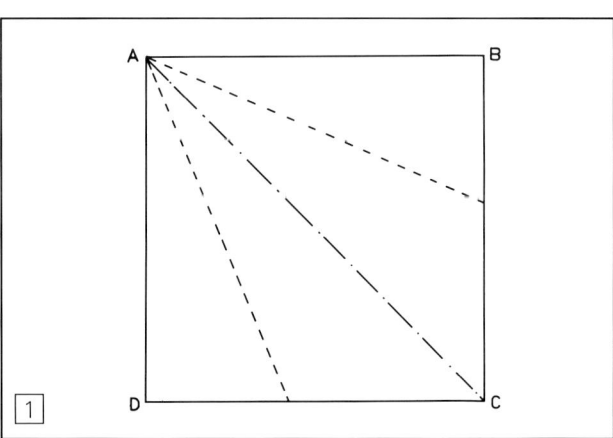

Quadratisches Faltblatt, Farbseite hinten. Diagonale **A–C** knicken, Talfalten in den gestrichelten Linien bei Ecke **B** und **D** (Abb. 1).

Das quadratische Faltblatt wird mit der Farbseite auf den Tisch gelegt (Abb. 1). Diese Farbseite wird beim fertigen Modell außen sichtbar sein. Die Strichpunktlinie in der Diagonalen **A – C** bezeichnet einen Bruch. Um ihn zu erhalten, wird die Ecke **B** auf die Ecke **D** gelegt, die Diagonalfalte gut eingestrichen und wieder geöffnet. Die beiden von Ecke **A** ausgehenden gestrichelten Linien bedeuten Talfalten. Zur Ausführung wird die Kante **A – B** vorn auf der Arbeit an den Diagonalbruch gelegt und die Falte eingestrichen. Mit der Kante **A – D** wird in gleicher Weise verfahren. Beim probeweisen Öffnen dieser Falten werden die Talfalten deutlich sichtbar. Die gefaltete Figur muß jetzt der nächsten Zeichnung entsprechen. Dies ist die Grundform **A**.

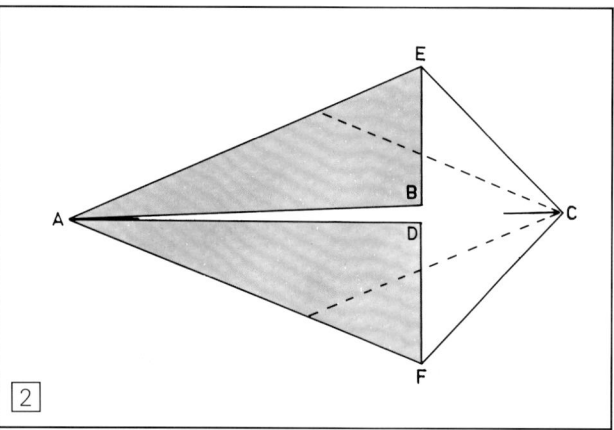

Ente

Ausgang: Grundform **A**
Arbeit drehen, Talfalten in den gestrichelten Linien (Abb. 2).

Die Lage der Faltarbeit muß immer der in der jeweiligen Zeichnung (Abb. 2) entsprechen. In diesem Fall muß sie also nach links gedreht werden, bis die Spitze **A** links liegt. Erst dann werden die Ecken **E** und **F** in den gestrichelten Linien mit Talfalten an den Mittelbruch gefaltet. Es entsteht damit die in der nächsten Zeichnung gezeigte Figur. Manchmal ist es bequemer, das Blatt für das Falten in eine andere Lage zu bringen. Das kann ruhig geschehen, nur muß die Arbeit anschließend wieder in die aus der nächsten Zeichnung ersichtlichen Lage zurückgebracht werden, weil dann deren Anweisung leichter zu verstehen ist.

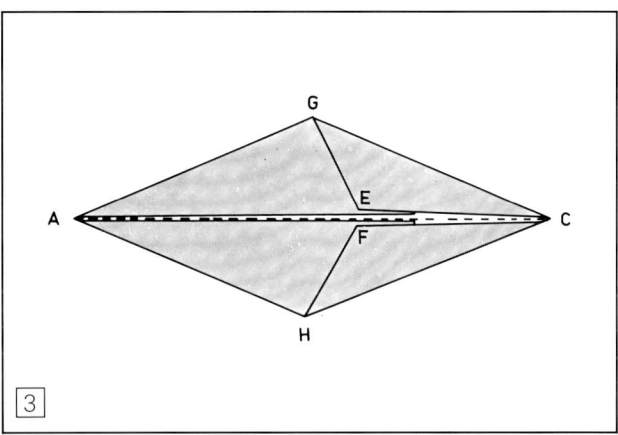

Talfalte im Mittelbruch (Abb. 3).

Hier (in Abb. 3) könnte die Anweisung „Talfalte im Mittelbruch" so ausgeführt werden, daß entweder der obere Teil der Arbeit auf den unteren geklappt wird – oder umgekehrt der untere auf den oberen Teil.

Aus der folgenden Abb. 4 ist aber genau ersichtlich, daß der obere Teil nach unten gefaltet wird: Ecke **G** auf Ecke **H**. Die hinten oder innen liegenden Teile einer Arbeit sind nämlich in den Zeichnungen stets mit eingekreisten Kennbuchstaben versehen, wie hier die Ecke **H**, die unten hinten liegt. Außerdem befindet sich die Kante **A – C** waagerecht oben.

Es wird hier also ganz klar, wie wichtig das Einbeziehen der nächsten Abbildung vor der Ausführung eines Faltvorgangs ist.

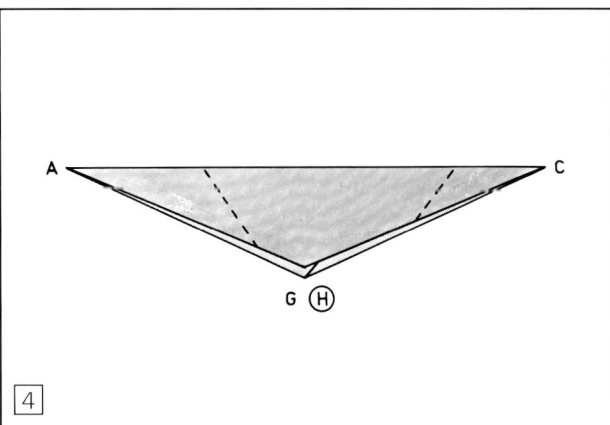

Gegenbruchfalten nach außen in den gestrichelten Linien bei **A** und **C** (Abb. 4).

Gegenbruchfalten nach außen werden in der Abb. 4 (Seite 13 unten) durch gestrichelte Linien dargestellt, weil dabei vorn und hinten Talfalten entstehen. Zuerst wird in der Strichlinie eine normale Talfalte gemacht, dann anhand der nächsten Zeichnung geprüft, ob die richtige Lage getroffen wurde. Nach dem Öffnen dieser Talfalte wird im entstandenen Hilfsbruch der zu faltende Teil vorn und hinten über die Arbeit gelegt. Dabei schlägt der Mittelbruch dieses Teils um. Erst jetzt werden alle Falten gut eingestrichen. Bei der Ente werden durch Gegenbruchfalten nach außen zuerst die Spitze **A** und dann die Spitze **C** nach oben gebracht. Hals und Schwanzteil der Ente liegen dadurch sowohl vorn wie hinten über dem Körper.

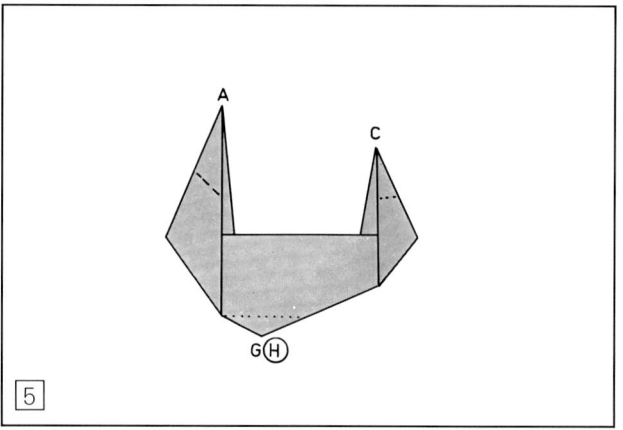

Gegenbruchfalte nach außen in der gestrichelten Linie bei Spitze **A**. Gegenbruchfalte nach innen in der punktierten Linie bei Spitze **C**. Bergfalten vorn und hinten bei Ecke **G** und **H** (Abb. 5).

Wie an der Spitze **A** (Abb. 5) durch eine Gegenbruchfalte nach außen der Kopf gebildet wird, wurde bereits bei der vorhergehenden Abbildung 4 erklärt. Bei Spitze **C** wird in der punktierten Linie eine Gegenbruchlinie nach innen verlangt. Diese Faltung wird in den Zeichnungen durch punktierte Linien dargestellt, weil dabei vorn und hinten an der Arbeit Bergfalten entstehen. Auch beim Gegenbruch nach innen wird zunächst in der punktierten Linie eine Talfalte ausgeführt. Nach dem Öffnen dieser Falte wird der zu faltende Teil ins Innere der Arbeit gedrückt, so daß der übrige Teil ihn umschließt. Der Mittelbruch des gefalteten Teils legt sich auch hier zu einem Gegenbruch um.

Bei der Ente wird also durch eine Gegenbruchfalte nach innen Spitze **C** ins Innere des Schwanzes gebracht. An den unteren Ecken **G** und **H** sind Bergfalten zu machen. Jede Bergfalte wird in den Zeichnungen durch eine punktierte Linie dargestellt. Sie wird immer nach hinten gefaltet.

Ist nichts anderes angegeben, werden alle Papierlagen gemeinsam gefaltet. Heißt es jedoch „Bergfalten vorn und hinten", wird getrennt gefaltet: beim Beispiel „Ente" zuerst die Ecke **G** in der punktierten Linie nach hinten. Sie liegt dann innen. Dann wird die Arbeit gewendet und die Ecke **H** ebenfalls nach hinten gefaltet, so daß beide Ecken nun innen liegen. Die Arbeit wird wieder gewendet, damit sie der nächsten Zeichnung entspricht.

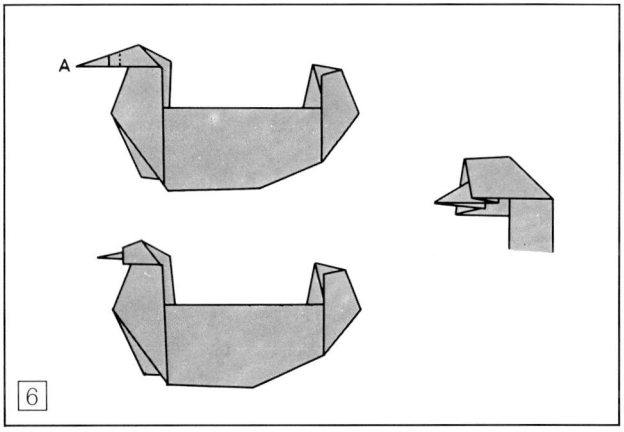

Durch Gegenbruchfalten nach innen und außen bei Spitze **A** den Schnabel bilden (Abb. 6).

Zunächst wird die Spitze in der punktierten Linie (Abb. 6) im Gegenbruch nach innen und dann wieder in der gestrichelten Linie nach außen gefaltet. Dieser Faltgang ist sehr häufig. So werden nicht nur Schnäbel und Schnauzen, sondern oft auch Beine, Füße und Ohren geformt.

Die Ente ist nun fertig. Es ist aber nicht gesagt, daß alle Enten, die nach diesem Schema gefaltet werden, gleich aussehen. Durch leichtes Verändern der Gegenbruchfalten kann die Form individuell gestaltet werden. Der Körper kann kürzer ausfallen, der Hals länger, sie kann nach oben schauen oder den Kopf nach unten richten. Daß dies für fast alle Figuren gilt, zeigen die Abbildungen.

Grundform B

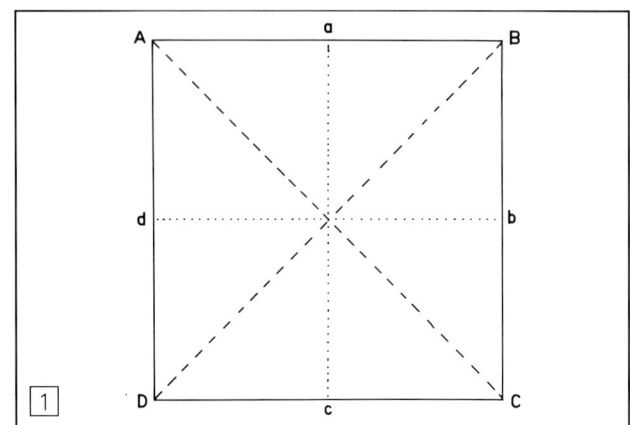

Talfalten in den Diagonalen, öffnen. Bergfalten in den Mittelbrüchen, öffnen. Punkt **b** und **d** auf Punkt **a** ziehen, dadurch fällt auch Punkt **c** auf Punkt **a** (Abb. 1).

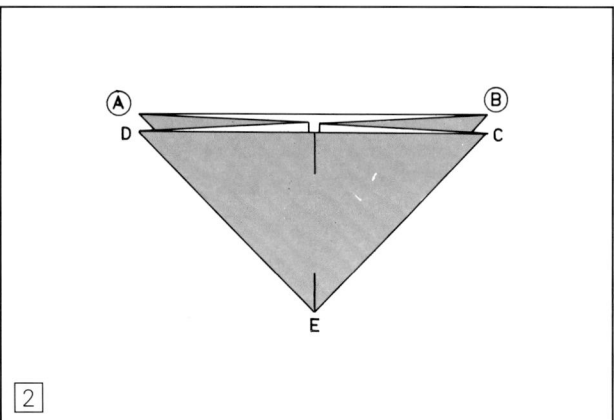

Die fertige Grundform **B** (Abb. 2).

Ausgang: Ein quadratisches Faltblatt, Farbseite hinten. Diese Grundform ist bei uns lange bekannt, entsteht aus ihr doch die beliebte Schwalbe, die des öfteren in den Klassenzimmern herumschwirrt. Sie hat eine geschlossene Ecke **E** und vier faltbare Spitzen, die zu Flügeln, Blütenblättern und Füßen gefaltet werden können.

Grundform C

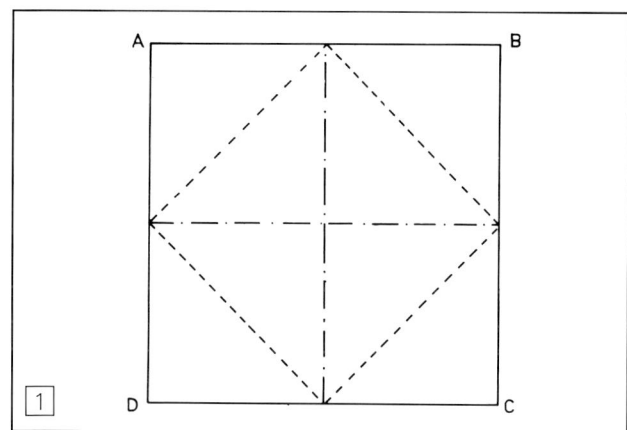

Mittelbrüche knicken. Durch Talfalten alle vier Ecken an den Mittelpunkt bringen (Abb. 1).

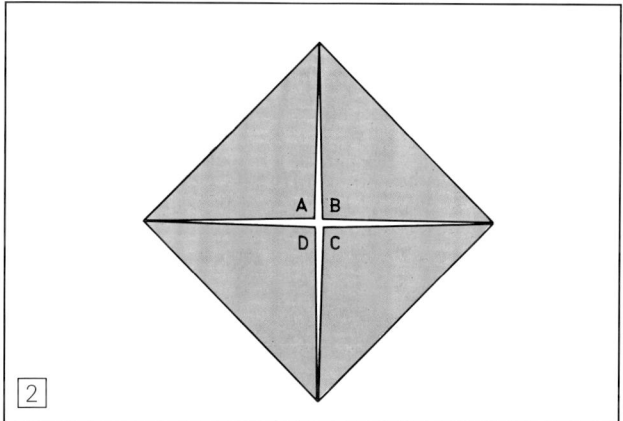

Die fertige Grundform **C** (Abb. 2).

Ausgang: Ein quadratisches Faltblatt, Farbseite hinten. Die Form zeigt bereits, daß der Mittelpunkt des Faltblattes wichtig ist und bei allen daraus entwickelten Figuren Zentrum bleibt, gleich, ob es sich um eine Hohlform handelt oder ob die Ecken herausgefaltet werden.

Grundform D

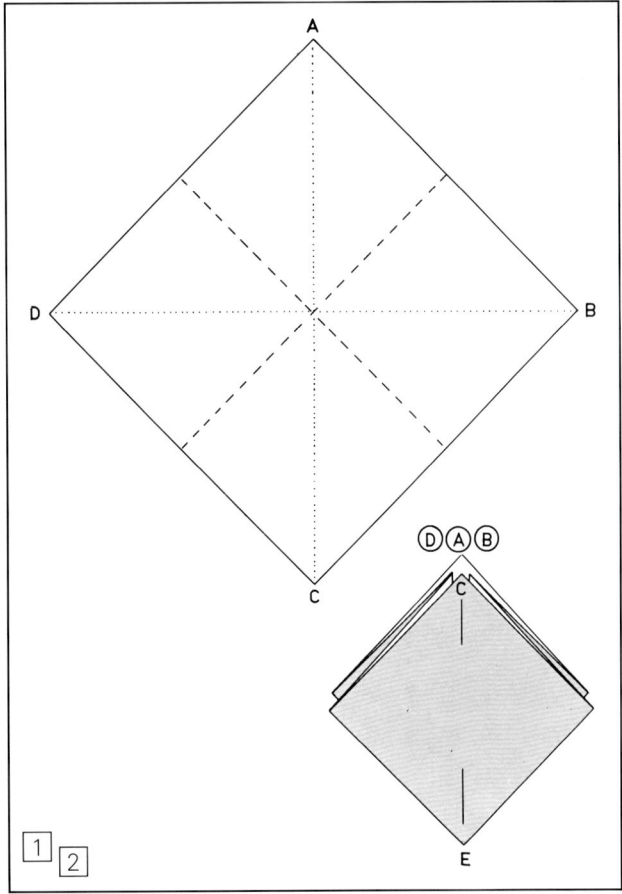

Bergfalten in den Diagonalen, öffnen. Talfalten in den Mittelbrüchen, öffnen. Ecken **B** und **D** auf Ecke **A** ziehen. Dadurch fällt auch Ecke **C** auf Ecke **A** (Abb. 1).

Die fertige Grundform **D** (Abb. 2).

Ausgang: Ein quadratisches Faltblatt, Farbseite hinten. Wie beim doppelten Dreieck (Grundform **B**) gibt es auch bei dieser Grundform, dem doppelten Viereck, die geschlossene Ecke **E** und vier faltbare Spitzen. Sie liegen enger zusammen als bei der Grundform B und bieten sich daher noch mehr zum Falten von Blütenblättern und Gliedmaßen an. Wie das Beispiel der Faltdose zeigt, bietet sich aber auch die Möglichkeit, die Ecke **E**, die gleichzeitig Mittelpunkt des Faltblattes ist, zum Zentrum einer Hohlform zu machen.

Grundform E

Ausgang: Grundform *D*

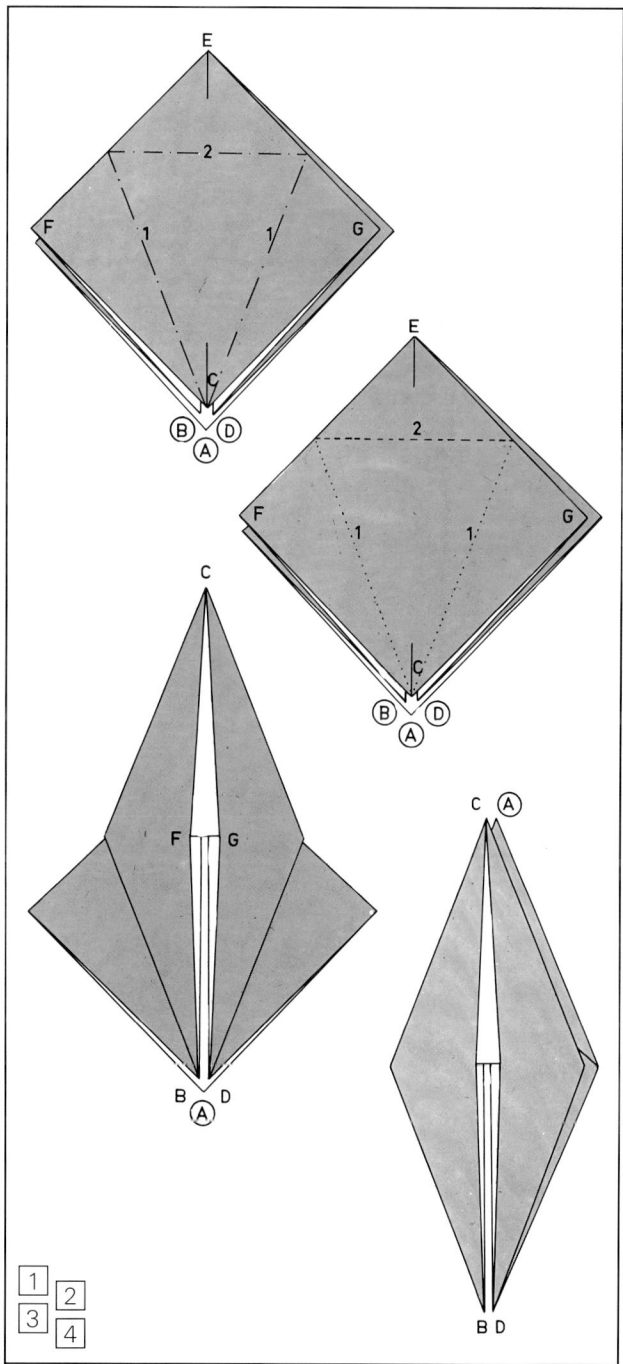

In den Strichpunktlinien 1 die Ecken **F** und **G** an den Mittelbruch knicken. In der Strichpunktlinie 2 die Ecke **E** darüberknicken (Abb. 1).

Ecke **C** im entstandenen Bruch 2 nach oben bringen. Gleichzeitig Ecke **G** und **F** an den Mittelbruch drücken (Abb. 2).

Wenden und nach Abb. 1 und 2 auf der Rückseite wiederholen.
Wenden (Abb. 3).

Die fertige Grundform **E** (Abb. 4).

Enzianblüte

Ausgang: Grundform *B*
Wenn möglich, einfarbiges Papier verwenden.

In den Strichpunktlinien knicken. Spitze **C** nach oben ziehen, so daß Punkt **a** auf Punkt **b** fällt (Abb. 1).

Mit den Spitzen **D**, **B** und **A** wiederholen, dazu die einzelnen Teile wie Buchseiten im Mittelbruch umblättern (Abb. 2).

Talfalten in den gestrichelten Linien an allen Blattformen (Abb. 3).

Talfalten in den gestrichelten Linien an allen Blattformen (Abb. 4).

Die Spitzen **A**, **B**, **C** und **D** nach außen falten (Abb. 5), so daß die Blüte sich öffnet (Abb. 6).

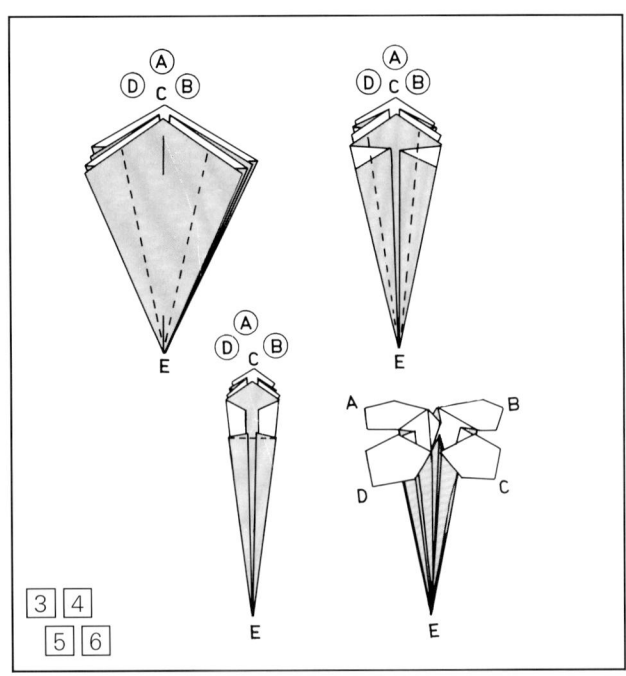

Schwertlilie

Ausgang: Grundform *D*

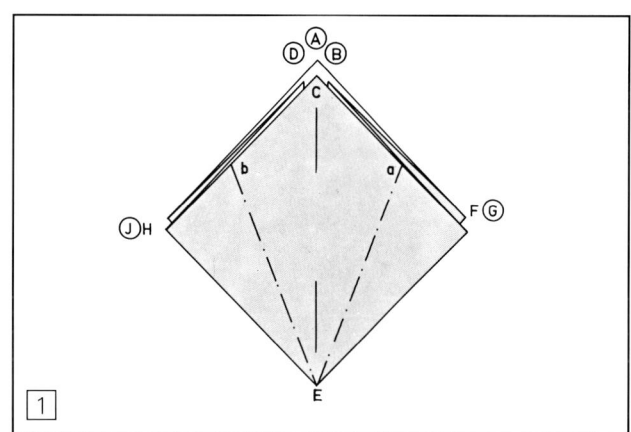

In den Strichpunktlinien vorn und hinten knicken (Abb. 1).

Durch eine Bergfalte Punkt **a** auf Punkt **b** ziehen, dadurch fällt Ecke **F** auf den Mittelbruch (Abb. 2).

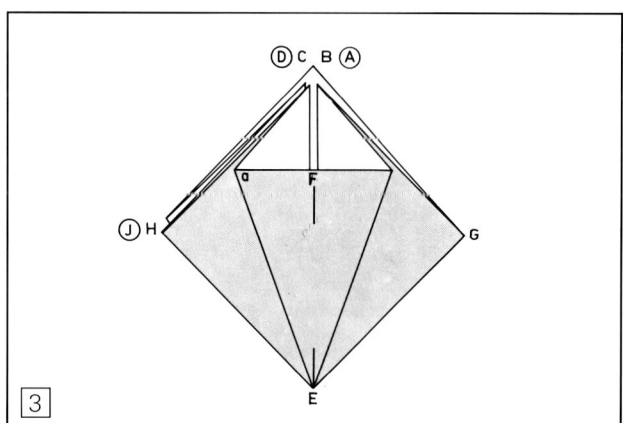

Mit den Ecken **G**, **H** und **J** wiederholen. Dabei die einzelnen Teile wie Buchseiten im Mittelbruch umblättern (Abb. 3).

Talfalten in den gestrichelten Linien an allen vier Tüten (Abb. 4).

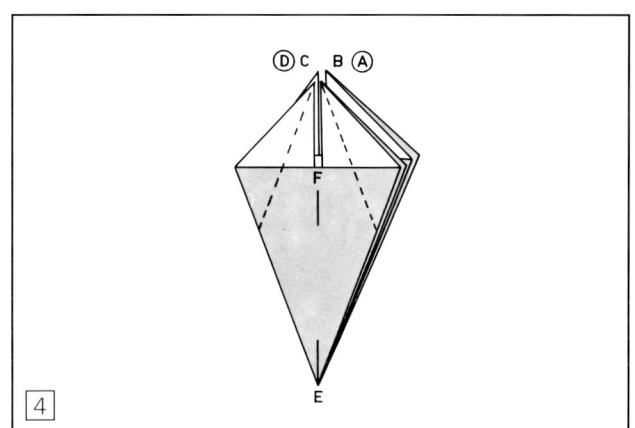

Spitze **E** in der Strichpunktlinie auf Spitze **C** und **B** knicken. Nach dem Öffnen Punkt **F** im entstandenen Bruch nach unten falten. An allen vier Tüten wiederholen (Abb. 5).

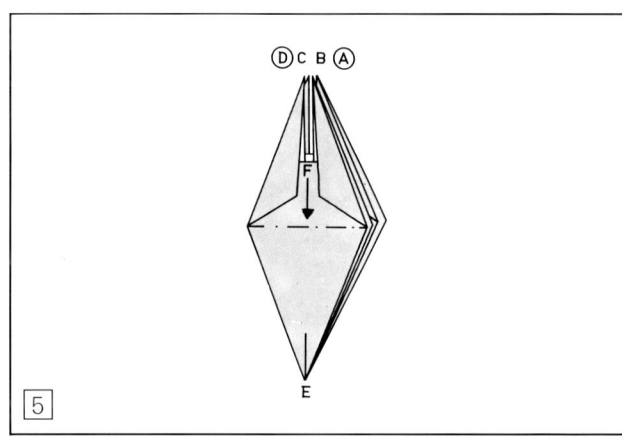

Spitze **F** nach oben klappen. An allen vier Blattformen wiederholen (Abb. 6).

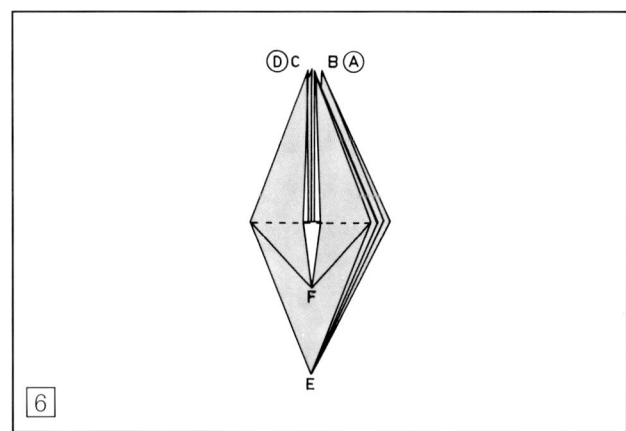

Vorderste Blattform im Mittelbruch nach rechts, hinterste nach links umblättern (Abb. 7).

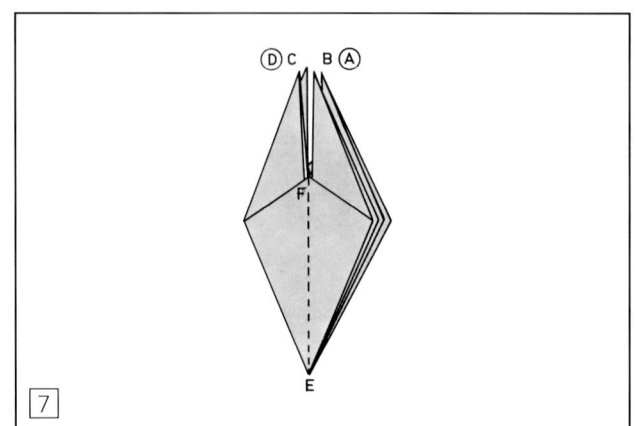

Talfalten in den gestrichelten Linien an allen vier Blattformen (Abb. 8).

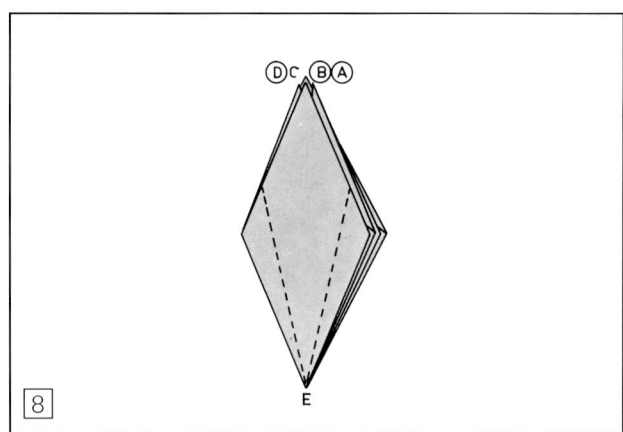

Die vier Blütenblätter nach außen falten und von der Spitze her auf einen Bleistift rollen, falls dies gefällt (Abb. 9).

So sieht die fertige Blüte aus (Abb. 10).

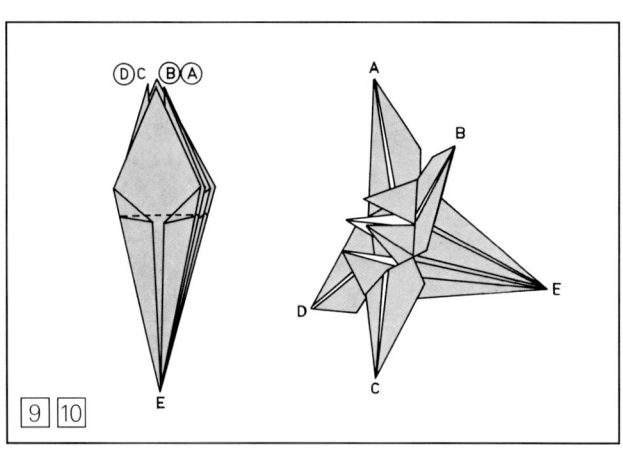

24

Wilde Nelke

Ausgang: Grundform *D*
Faltblatt 10 x 10 cm,
Farbseite vorn

Talfalte vorn und hinten in der gestrichelten Linie (Abb. 1).

Spitze **B** und **D** im Gegenbruch seitlich herausfalten (Abb. 2).

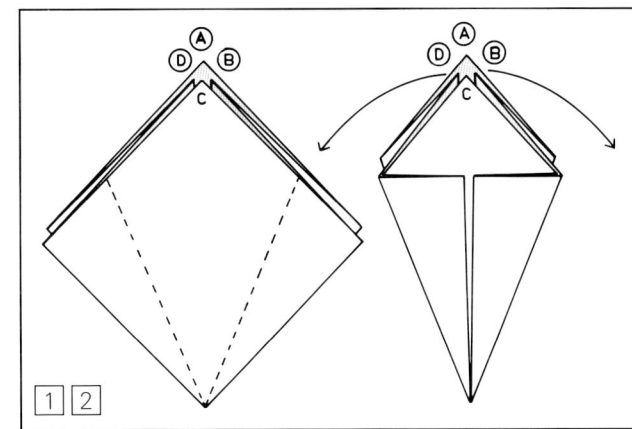

Talfalte im Mittelbruch (Abb. 3).

Die schraffierten Teile an der Zackenlinie abschneiden. Letzte Mittelbruchfalte wieder öffnen (Abb. 4).

Die Blüte durch Talfalten vorn und hinten in der gestrichelten Linie öffnen (Abb. 5).

Die Blüte ist fertig (Abb. 6).

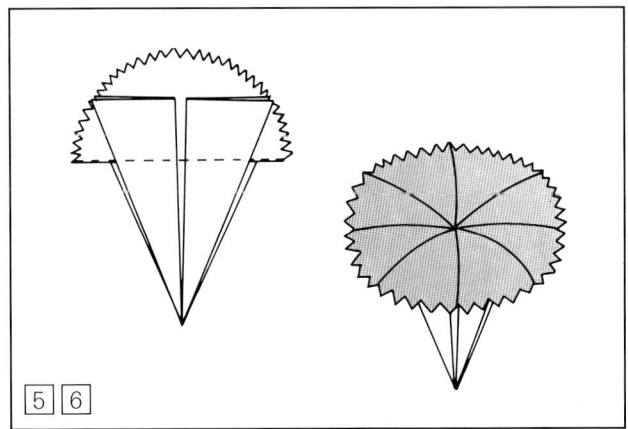

Kirschblüte

Ausgang: Grundform *D*
Faltblatt 10 x 10 cm,
beide Seiten gleichfarbig

Talfalten vorn und hinten in den gestrichelten Linien (Abb. 1).

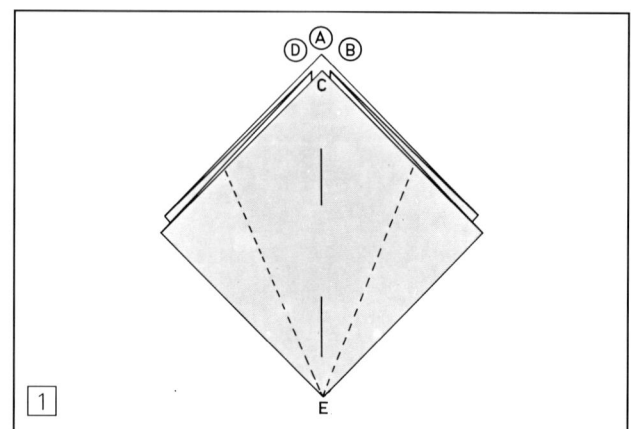

Ecke **F** vorn und Ecke **G** hinten im Mittelbruch nach rechts klappen. Arbeit drehen (Abb. 2).

Gegenbruchfalte nach innen in der punktierten Linie bei Spitze **E** (Abb. 3).

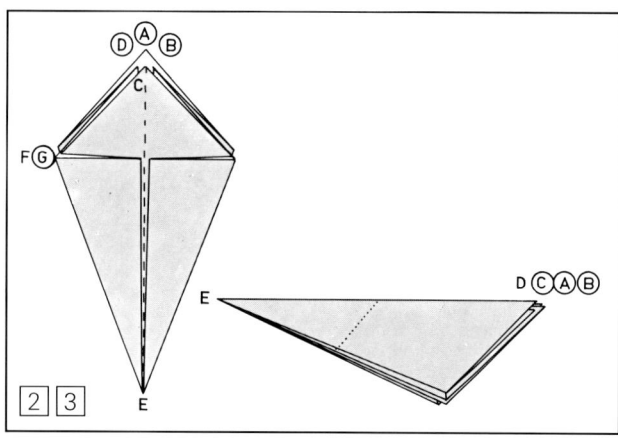

Spitze **E** bei Punkt **x** zusammenhalten und die außen liegende Spitze **D** nach links ziehen (Abb. 4). Dadurch öffnet sich die Blüte (Abb. 5).

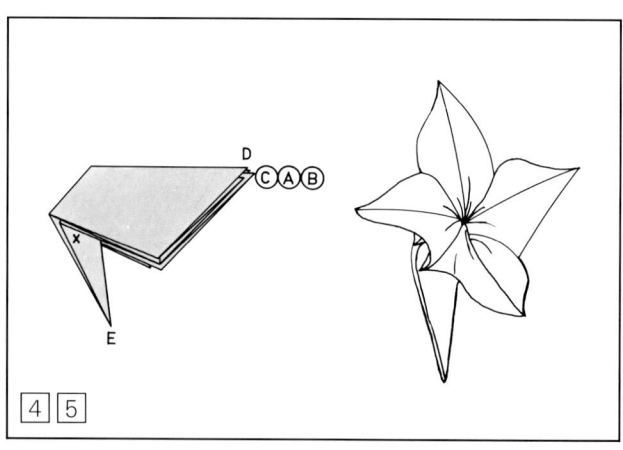

Frosch

Ausgang: Abb. 6 der Schwertlilie, Seite 23 unten, drehen

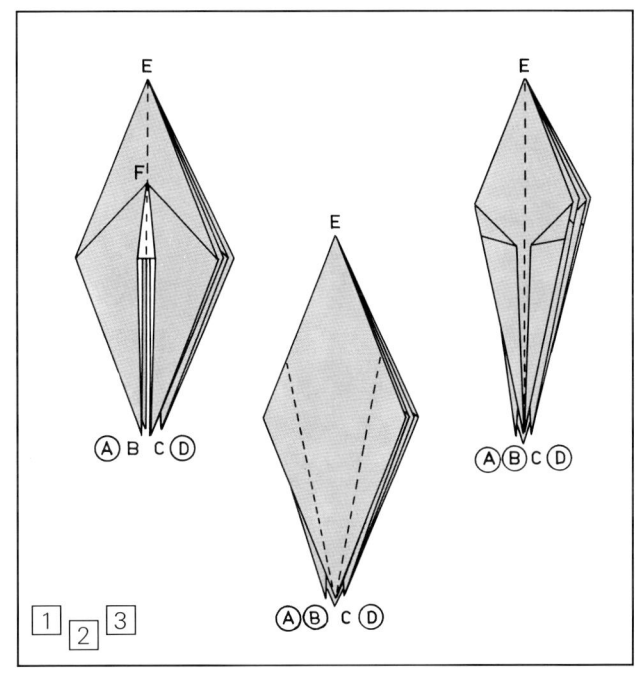

Vorderste Blattform im Mittelbruch nach links, hinterste nach rechts umblättern (Abb. 1).

Talfalten in den gestrichelten Linien an allen vier Blattformen (Abb. 2).

Vordere Blattform im Mittelbruch wieder nach rechts, hinterste nach links umblättern (Abb. 3).

Durch Gegenbruchfalten nach innen Spitze **A** und **D** schräg nach oben bringen (Abb. 4).

Durch Berg- und Talfalten in den eingezeichneten Linien bei Spitze **A** und **D** die Vorderfüße formen. Durch Gegenbruchfalten nach innen in der Linie 1 Spitze **B** und **C** nach außen bringen. Durch Berg- und Talfalten in den Linien 2 und 3 die Hinterfüße formen (Abb. 5).

Kräftig in die durch den Pfeil bezeichnete Öffnung blasen (Abb. 6).

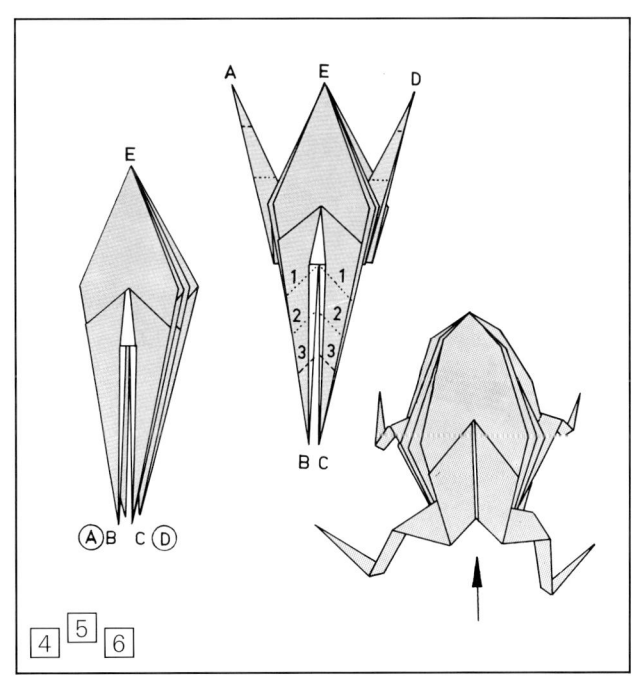

Kaninchen

Ausgang:
Grundform A

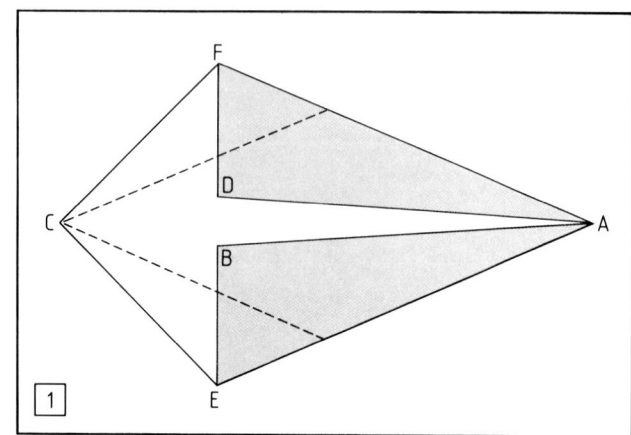

Bei Ecke **C** Talfalten in den gestrichelten Linien (Abb. 1).

Durch Talfalten in den gestrichelten Linien die innenliegenden Ecken **B** und **D** nach rechts herausfalten, wie Abb. 3 zeigt (Abb. 2).

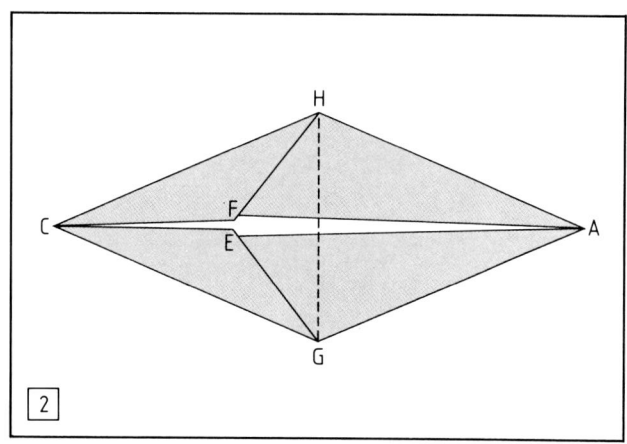

Bergfalte im Mittelbruch, Ecke **H** nach unten hinter Ecke **G** (Abb. 3).

Bei den Spitzen **B** und **D** Talfalten. Bei Spitze **C** Gegenbruchfalte nach innen in der punktierten Linie (Abb. 4).

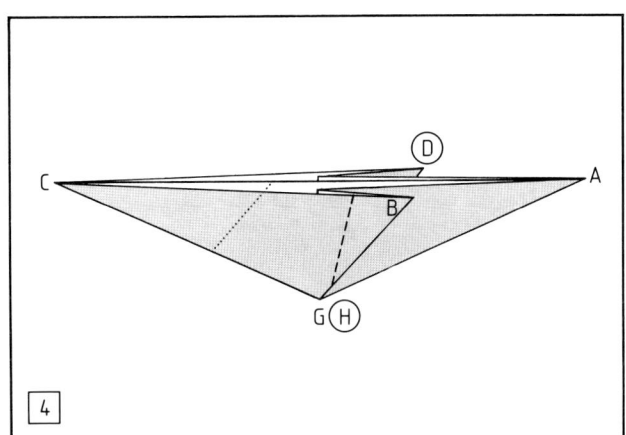

Bei Spitze **C** Gegenbruchfalte nach innen. Bei Spitze **A** Gegenbruchfalte nach innen in der punktierten und anschließend Gegenbruchfalte nach außen in der gestrichelten Linie (Abb. 5).

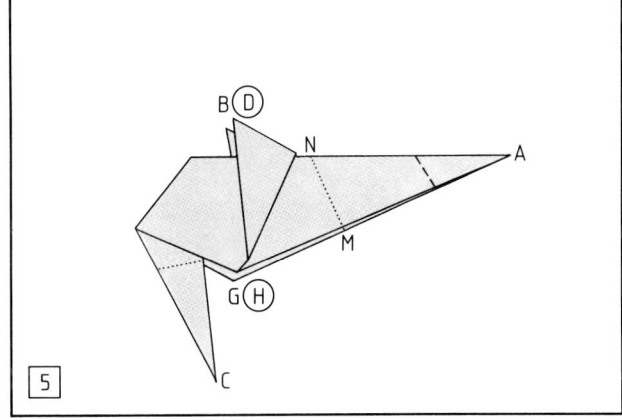

Bei Spitze **C** durch eine Gegenbruchfalte nach innen den Schwanz kürzen. Bei Spitze **A** durch eine Gegenbruchfalte nach innen die Füße formen. Die Ecken **I** und **J** nach innen falten. Die Ecken **K** vorn und hinten bei den Ohren nach innen falten. Die Ecken **M** vorn und hinten nach innen falten. Die Ecke **N** leicht nach innen drücken (Abb. 6).

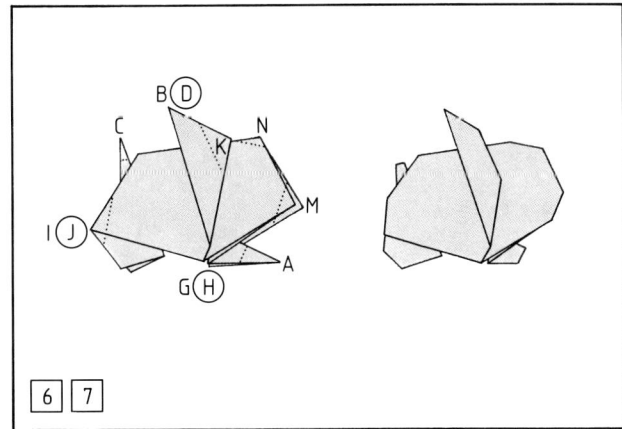

Seehund

Ausgang: Grundform *A*

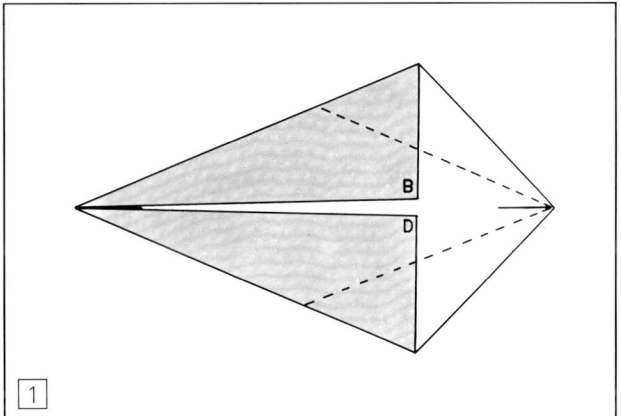

Talfalten in den gestrichelten Linien (Abb. 1).

Spitze **A** auf Spitze **C** knicken, öffnen. Im entstandenen Bruch die innen rechts liegenden Spitzen **B** und **D** nach links herausfalten (Abb. 2).

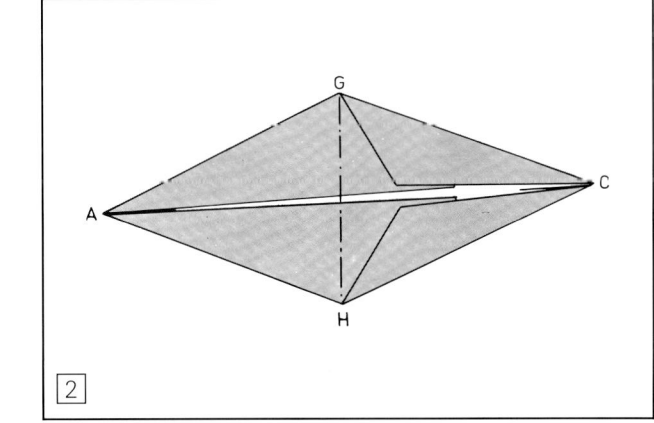

Talfalten bei Spitze **B** und **D** (Abb. 3).

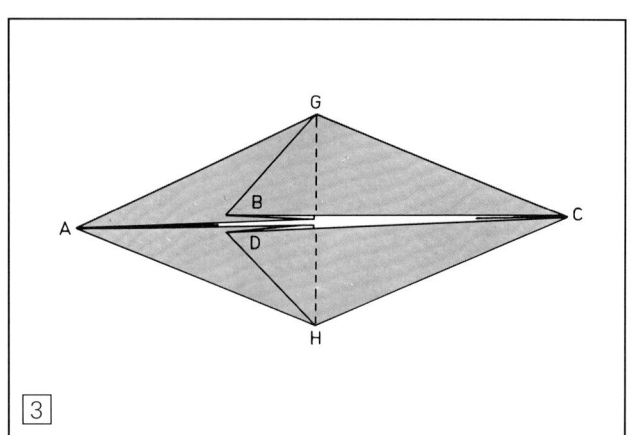

3

Bergfalte im Mittelbruch (Abb. 4).

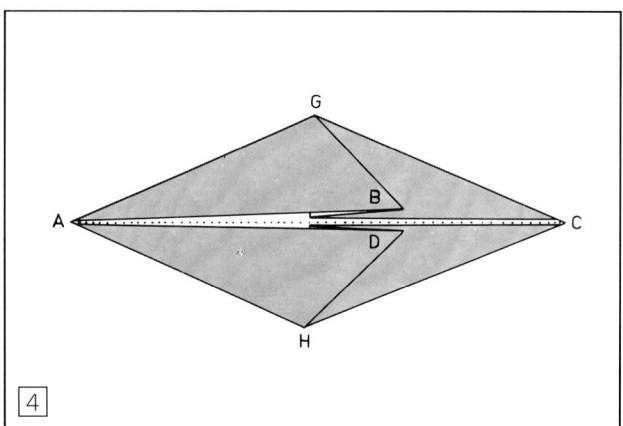

4

Bei Spitze **C** einschneiden. Bergfalten vorn und hinten bei der eingeschnittenen Spitze **C**. Gegenbruchfalte nach innen bei Spitze **A**. Talfalten bei Spitze **B** und **D** (Abb. 5).

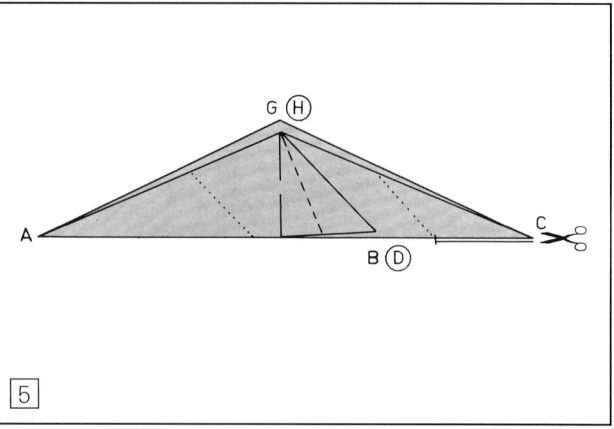

5

Gegenbruchfalte nach innen bei Spitze **A**. Bergfalten vorn und hinten bei Spitze **C**. Durch Talfalten die Flossen **B** und **D** seitwärts stellen (Abb. 6).

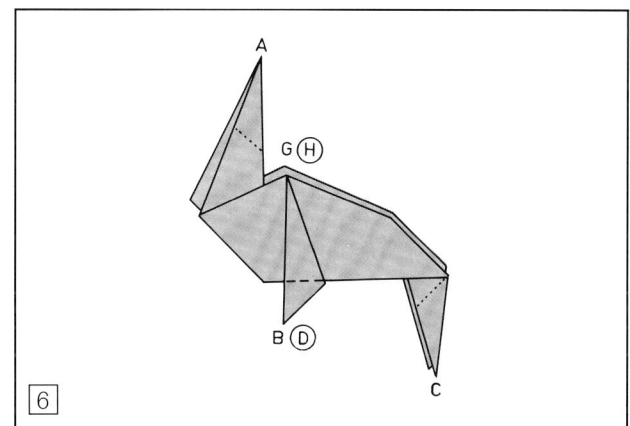

Durch Gegenbruchfalten nach innen bei Spitze **A** die Schnauze abstumpfen, hintere Flossen seitwärts falten (Abb. 7).

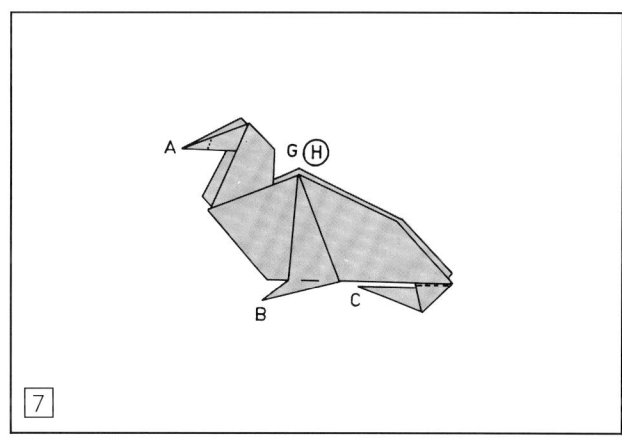

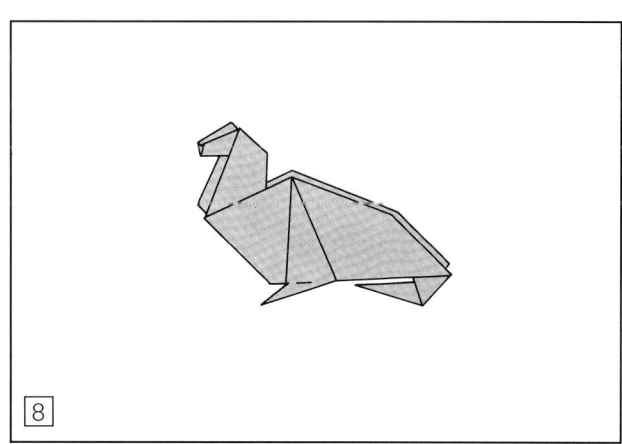

Pfau

(Farbfoto Seite 39)
Ausgang:
Grundform *E*

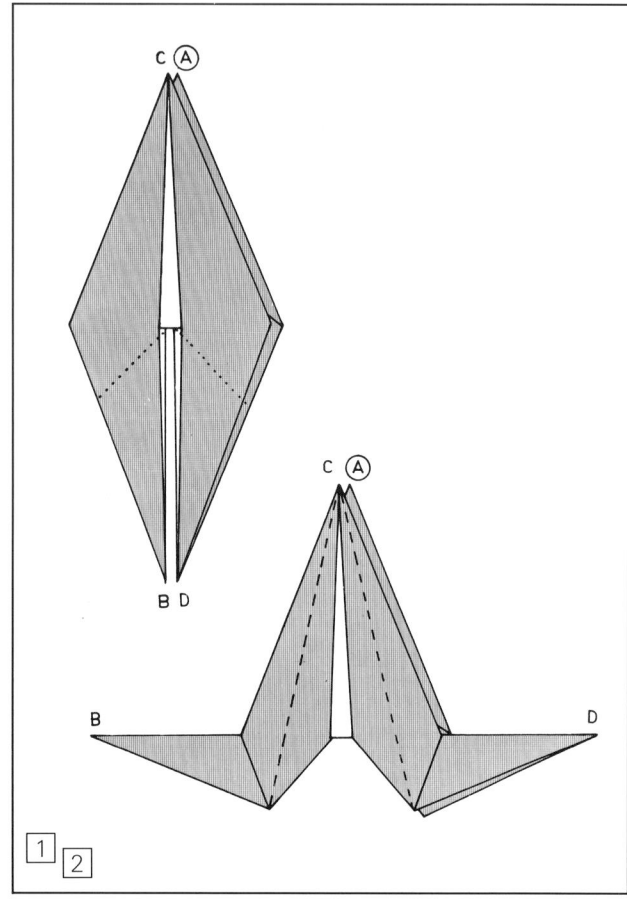

Gegenbruchfalte nach
innen bei Spitze **B** und **D**
(Abb. 1).

Talfalten bei Spitze **C**
(Abb. 2).

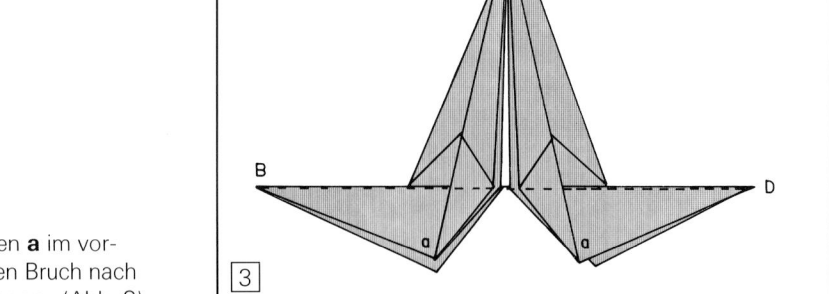

Die Ecken **a** im vor-
handenen Bruch nach
oben klappen (Abb. 3).

Talfalten bei Spitze **B** und **D**. Spitze **A** hinten nach unten klappen (Abb. 4).

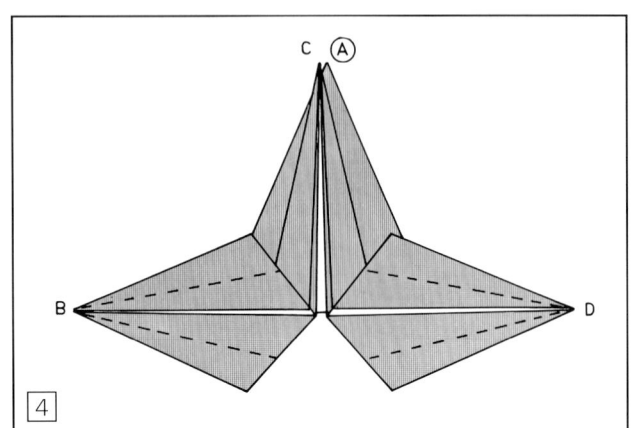

Die oberen Teile der Spitzen **B** und **D** im vorhandenen Bruch wieder nach unten klappen. Talfalte im Mittelbruch. Arbeit drehen (Abb. 5).

Gegenbruchfalte nach außen bei Spitze **C**. Durch Gegenbruchfalten nach innen und außen bei Spitze **B** und **D** die Beine formen. Den schraffierten Teil an der oberen Kante herausschneiden (Abb. 6).

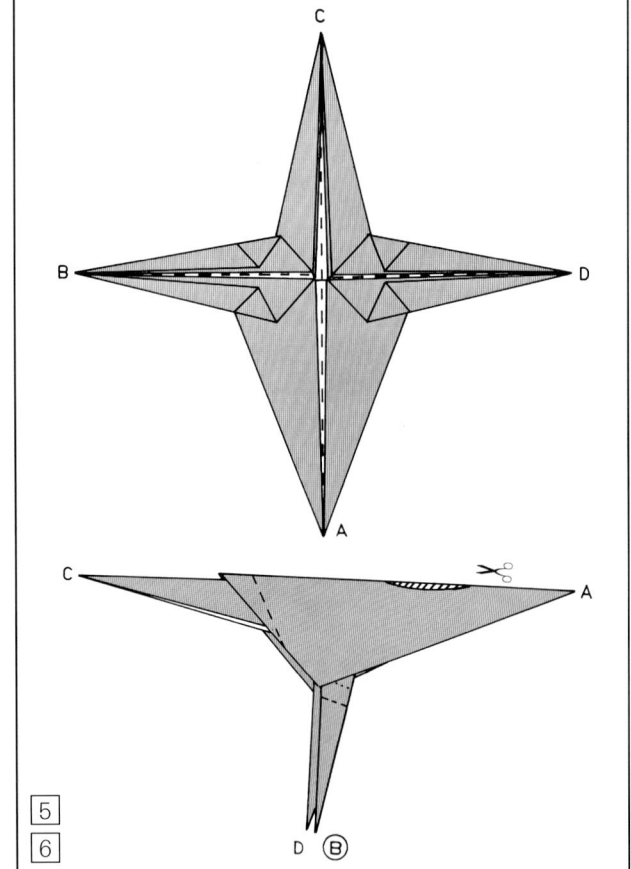

Durch Gegenbruchfalten nach innen und außen bei Spitze **C** Kopf und Schnabel bilden. Gegenbruchfalte nach innen bei Spitze **A**. Durch Gegenbruchfalten nach außen bei Spitze **B** und **D** die Füße formen (Abb. 7).

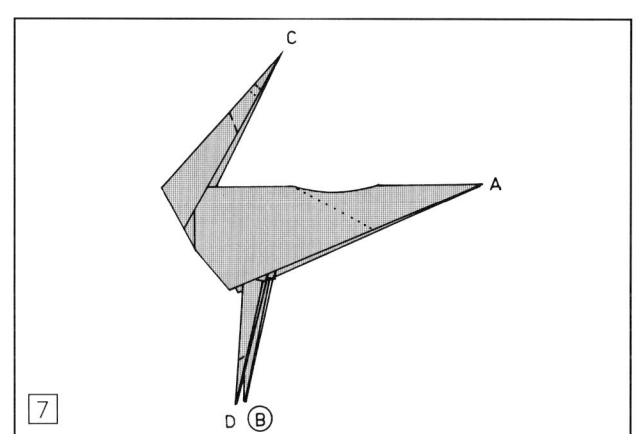

Papierserviette oder 15 x 30 cm großen Streifen aus buntem Papier zur Ziehharmonika falten (Abb. 8).

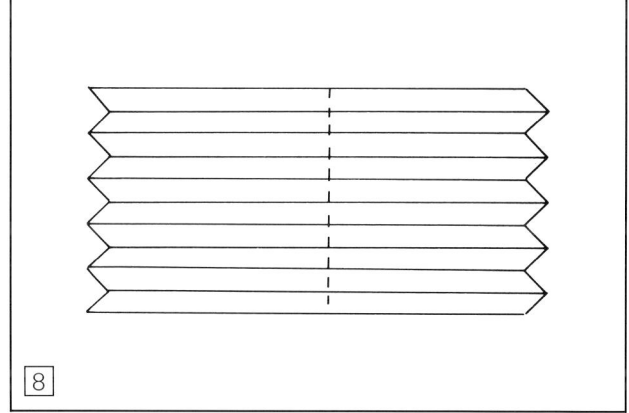

Doppelt genommene Serviette wie einen Fächer in den Schlitz des Pfauenkörpers einschieben, oder den gefalteten Papierstreifen an einer Seite zusammenbinden und dann mit diesem Ende in den Schlitz schieben (Abb. 9).

Dromedar

Kombination aus zwei Teilen

Ausgang: Grundform *E*

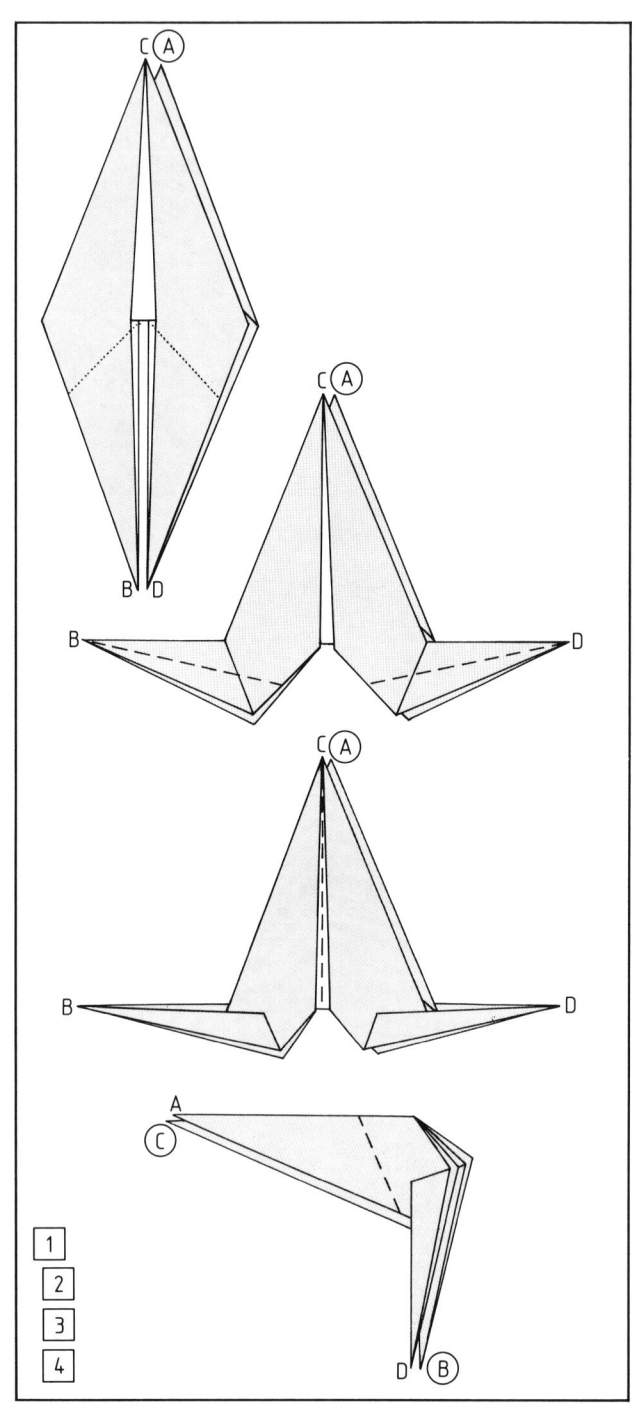

Kopfteil

Gegenbruchfalten nach innen bei Spitze **B** und **D** (Abb. 1).

Talfalten vorn und hinten bei Spitze **B** und **D** (Abb. 2).

Talfalte im Mittelbruch, Spitze **D** auf Spitze **B**. Arbeit drehen (Abb. 3).

Gegenbruchfalte nach außen, die Spitzen **A** und **C** dabei gemeinsam falten (Abb. 4).

Gegenbruchfalte nach außen bei den Spitzen **A** und **C**, dabei beide Spitzen gemeinsam falten (Abb. 5).

Bei Spitze **A** und **C** durch Gegenbruchfalten nach innen und außen den Kopf formen. Die Schnauze durch eine Gegenbruchfalte nach innen abstumpfen. Durch Gegenbruchfalten nach außen bei den Spitzen **B** und **D** die Vorderfüße bilden (Abb. 6).

Die aus zwei Teilen zusammengesetzte Figur (Abb. 7).

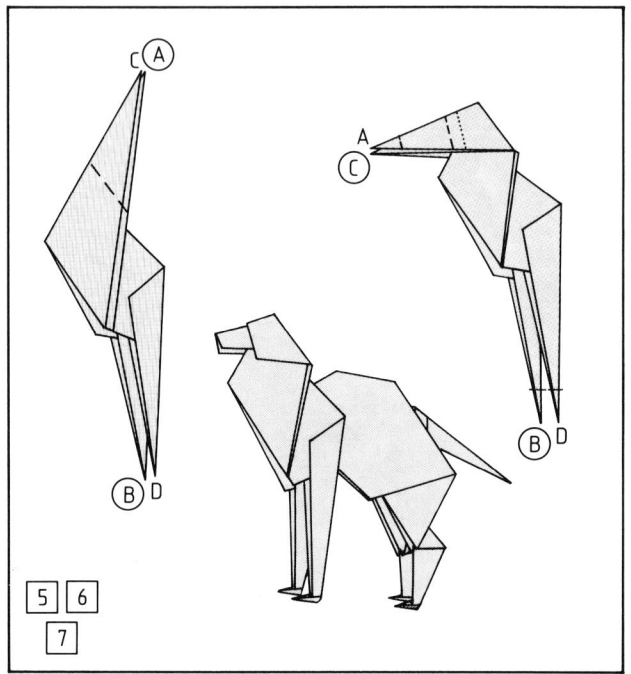

Körperteil

Bei den Spitzen **B** und **D** Gegenbruchfalten nach innen (Abb. 1).

Spitze **C** im Mittelbruch nach rechts klappen (Abb. 2).

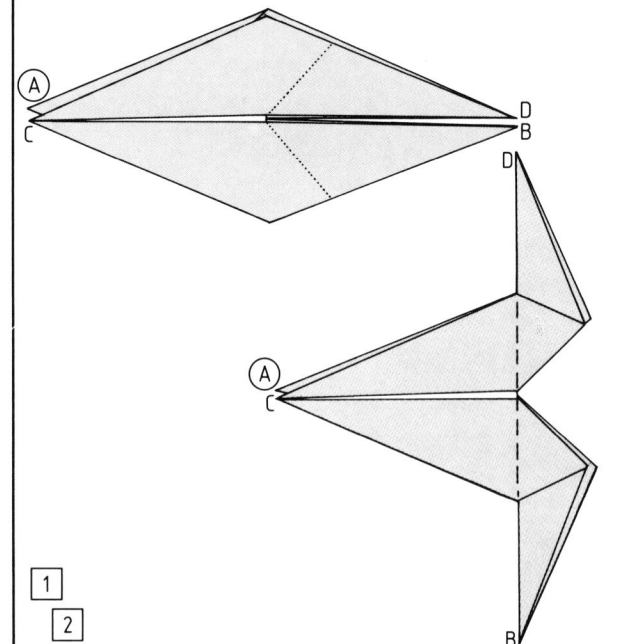

Bei der Spitze **C** in den gestrichelten Linien Talfalten. Durch Bergfalten in den punktierten Linien bei den Ecken **X** entstehen kleine, dreieckige Tüten (Abb. 3).

Talfalte bei Spitze **A**. Talfalte im Mittelbruch (Abb. 4).

Gegenbruchfalte nach innen links in der punktierten Linie. Durch Gegenbruchfalten nach innen und außen bei Spitze **C** den Schwanz formen. Bei den Spitzen **B** und **D** durch Gegenbruchfalten nach innen und außen die Beine formen (Abb. 5).

Durch eine Gegenbruchfalte nach innen den Schwanz nach unten biegen. Bei den Spitzen **B** und **D** durch Gegenbruchfalten nach außen die Füße formen (Abb. 6).

Den Körperteil in den Kopfteil kleben (Abb. 7).

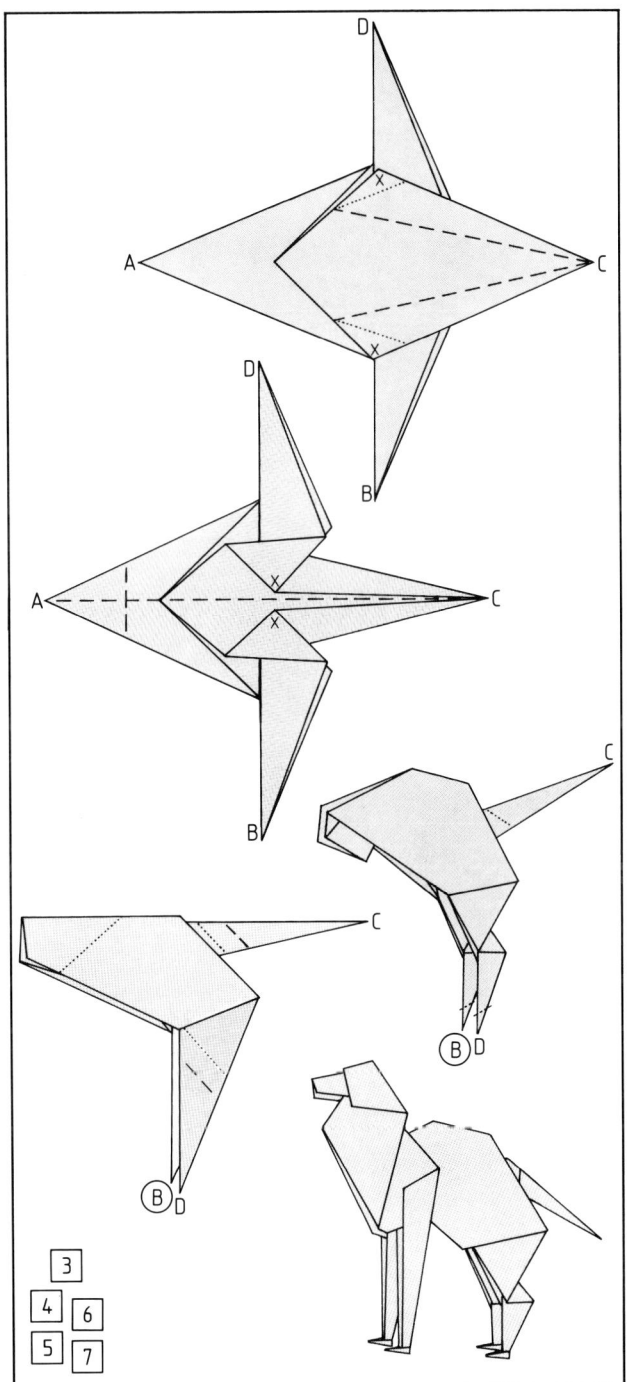

Schwein

Kombination aus zwei Teilen

Ausgang: Grundform *E*

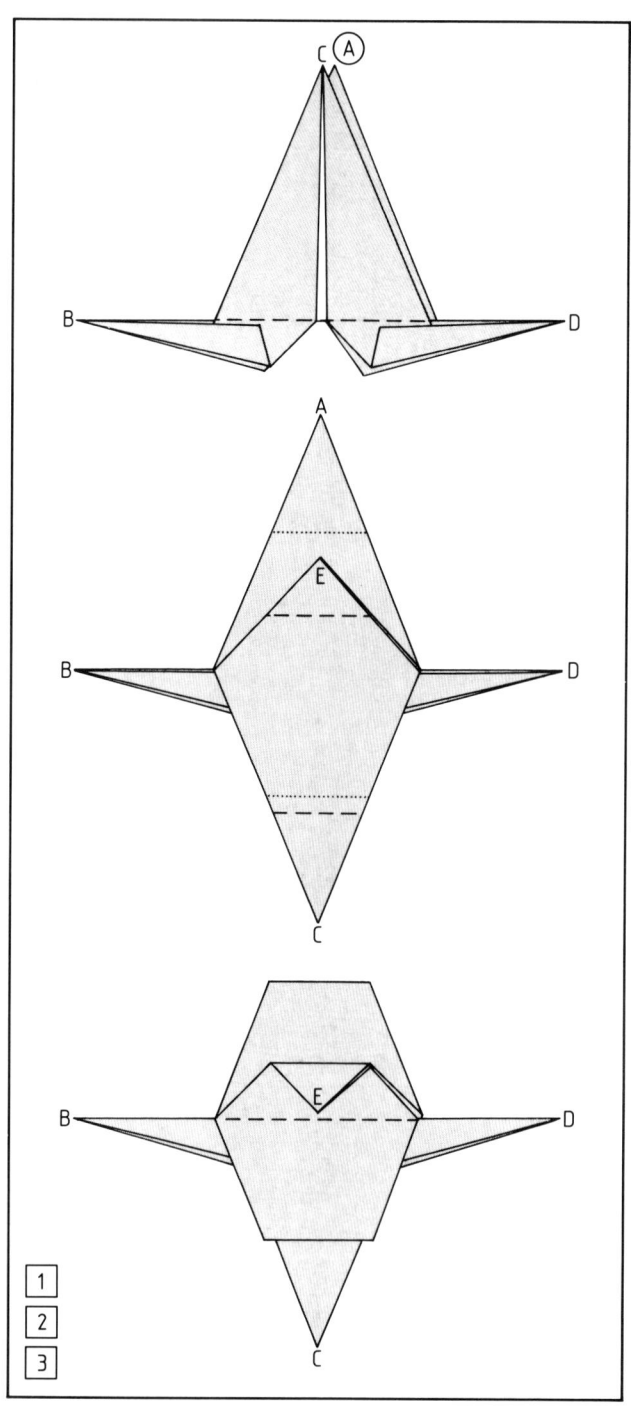

Kopfteil

Den Kopfteil des Dromedars (Seite 38) bis einschließlich Abbildung 2 falten. Spitze **C** im Mittelbruch nach unten klappen (Abb. 1).

Bergfalte bei Spitze **A**. Talfalte bei Ecke **E**. Bei Spitze **C** in der punktierten Linie eine Bergfalte und in der gestrichelten Linie eine Talfalte (Abb. 2).

Spitze **C** im Mittelbruch wieder nach oben klappen (Abb. 3).

Talfalte bei Spitze **C** (Abb. 4).

Talfalte in der gestrichelten Linie (Abb. 5).

Spitze **C** einschneiden. Bergfalte im Mittelbruch. Arbeit drehen (Abb. 6).

Durch Gegenbruchfalten die Beine und Füße formen. Die Ohren in die richtige Stellung bringen (Abb. 7).

Körperteil

Den Körper des Elefanten (Seite 60 und 61) bis einschließlich Abbildung 4 falten. Den Schwanz durch Gegenbruchfalten nach innen und außen in die richtige Stellung bringen. Am Bauch vorn und hinten Bergfalten. Die Beine und Füße durch Gegenbruchfalten formen (Abb. 8).

Kopf und Körper zusammenkleben (Abb. 9).

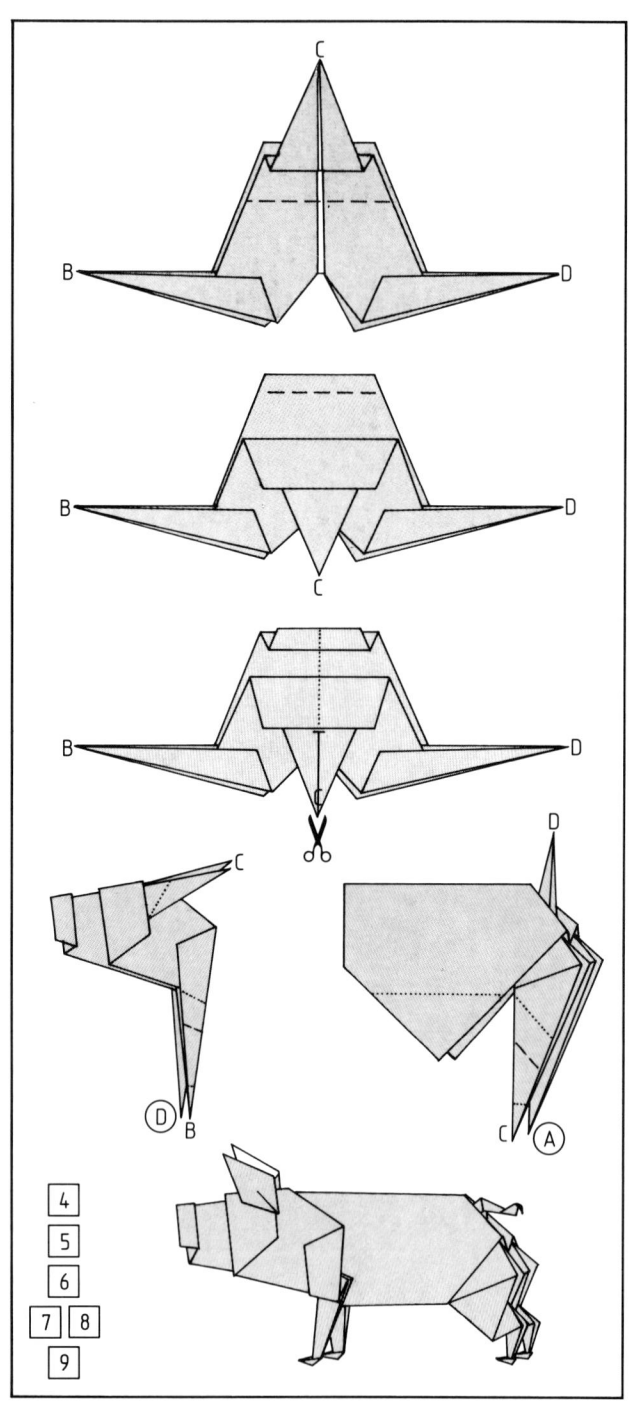

Wolf

(Farbfoto Seite 47)
Kombination aus zwei
auf Grundform *E*
basierenden Teilen.

Vorderteil
Ausgang: Grundform **E**.
Gegenbruchfalten nach
innen bei Spitze **B** und **D**
(Abb. 1).

Talfalten vorn und hinten
bei Spitze **B** und **D**. Bei
Spitze **C** Talfalte in Linie
1, Bergfalte in Linie **2**
(Abb. 2).

Bergfalte im Mittelbruch
(Abb. 3).

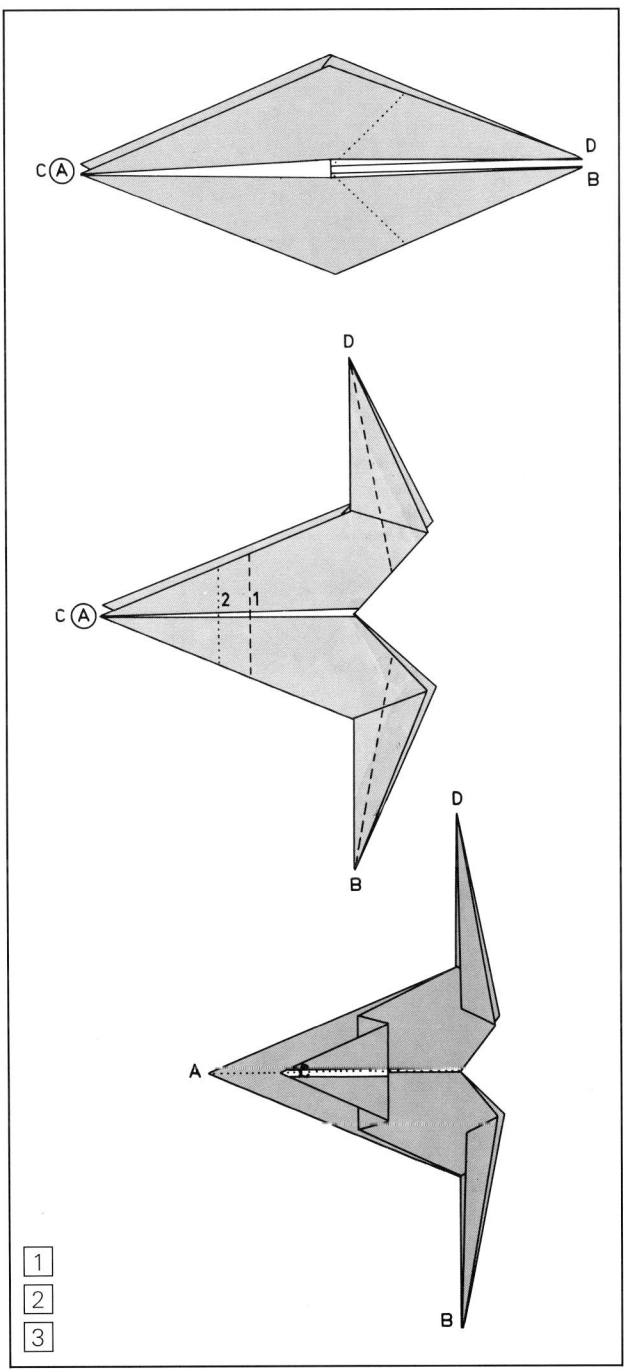

Gegenbruchfalte nach außen bei Spitze **A** und **C** (Abb. 4).

Gegenbruchfalte nach außen bei Spitze **A** (Abb. 5).

Gegenbruchfalte nach innen bei Spitze **A**. Spitze **C** im Mittelbruch einschneiden. Durch Gegenbruchfalten nach außen bei Spitze **B** und **D** die Füße formen (Abb. 6).

Das Vorderteil, d. h. der Kopf und die Vorderbeine, ist damit fertig (Abb. 7).

Hinterteil
Ausgang: Abb. 2 des Vorderteils. Spitze **C** in der gestrichelten Linie nach rechts falten (Abb. 8).

Die Seitenkanten von Spitze **C** bis Punkt **b** an den Mittelbruch falten. Durch Bergfalten in den punktierten Linien fallen die Punkte a nach rechts. Talfalte bei Spitze **A** (Abb. 9).

Talfalten in den gestrichelten Linien bei Ecke **F** und **G**. Talfalte im Mittelbruch (Abb. 10).

Bergfalte vorn und hinten in der punktierten Linie **1**. Schwanz und Beine durch Gegenbruchfalten nach innen und außen an den Spitzen **C**, **D** und **B** formen. Durch Gegenbruchfalten nach außen die Füße formen (Abb. 11).

Schwanzteil in Kopfteil kleben (Abb. 12).

48

Pferd

Kombination aus zwei Teilen

Ausgang:
Grundform *E*

Kopfteil

Gegenbruchfalten nach innen bei den Spitzen **B** und **D** (Abb. 1).

Talfalten vorn und hinten bei den Spitzen **B** und **D**. Bei Spitze **C** zuerst eine Talfalte in der gestrichelten Linie, dann eine Bergfalte in der punktierten Linie (Abb. 2).

Bergfalte im Mittelbruch. Spitze **D** fällt hinter Spitze **B**. Arbeit drehen (Abb. 3).

Gegenbruchfalte nach außen in der gestrichelten Linie. Dabei die Spitzen **A** und **C** gleichzeitig falten (Abb. 4).

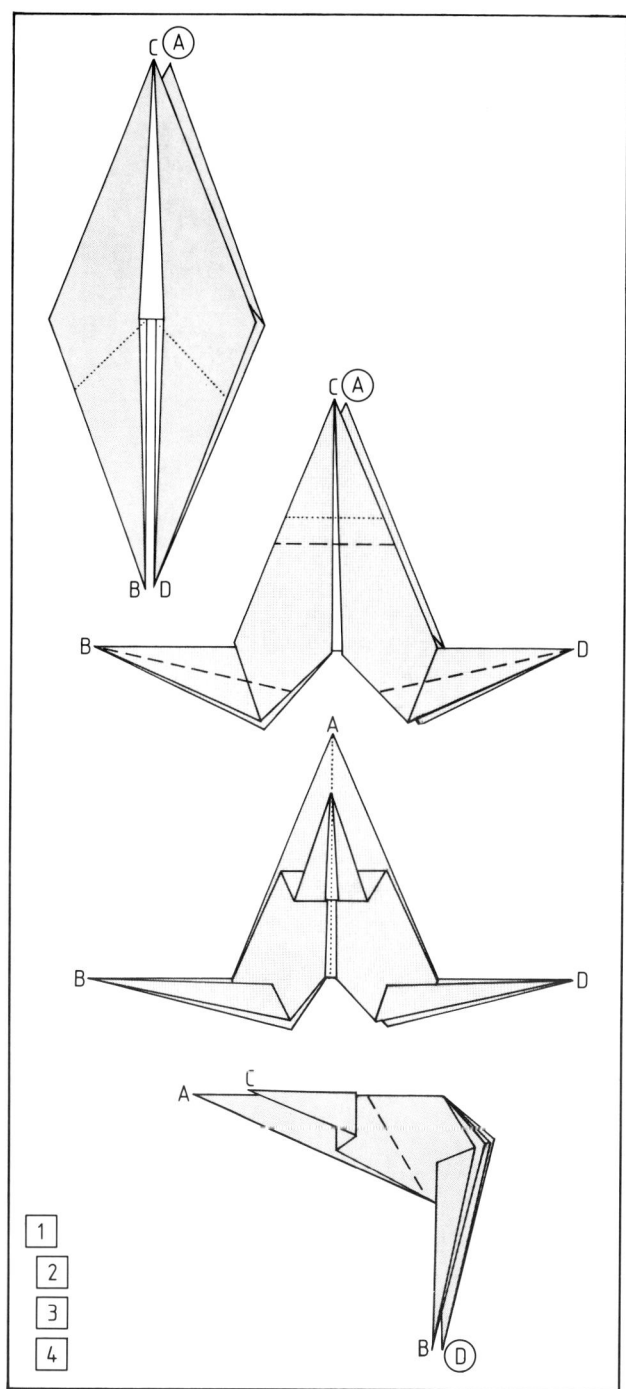

Durch eine Gegenbruchfalte nach außen bei Spitze **A** den Kopf bilden. Die Spitzen **A**, **B** und **D** durch Gegenbruchfalten nach innen abstumpfen (Abb. 5).

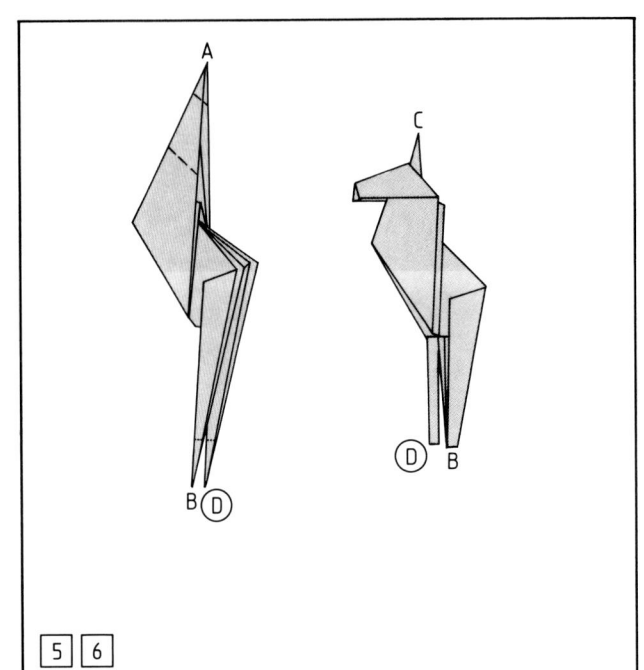

Körperteil

Den Körperteil des Dromedars (Seite 40 und 41 bis einschließlich Abbildung 4 falten.

Gegenbruchfalte nach innen bei Spitze **C**. Durch Gegenbruchfalten nach innen und außen bei den Spitzen **B** und **D** die Beine formen. Die Füße durch Gegenbruchfalten nach innen abstumpfen (Abb. 1).

Bei Spitze **C** die vordere Hälfte nach vorn, die hintere nach hinten klappen (Abb. 2).

Kopf- und Körperteil zusammenkleben (Abb. 3).

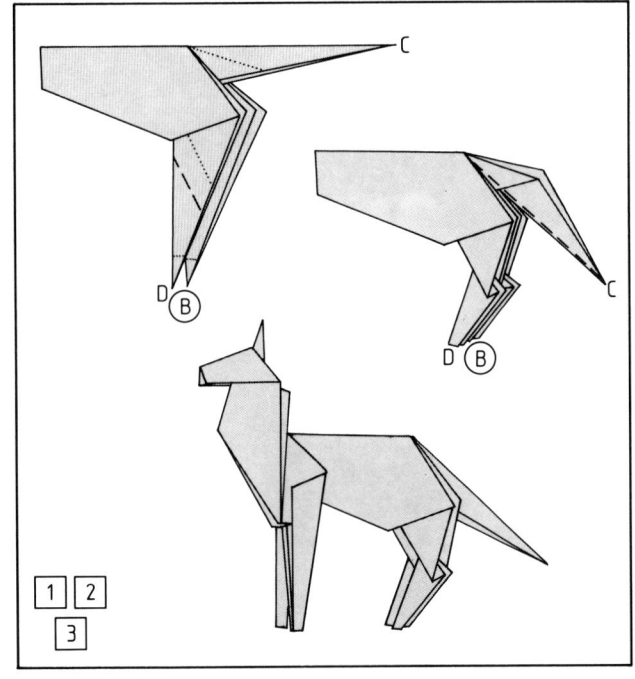

Affe

Kombination aus zwei Teilen

Ausgang:
Grundform *E*

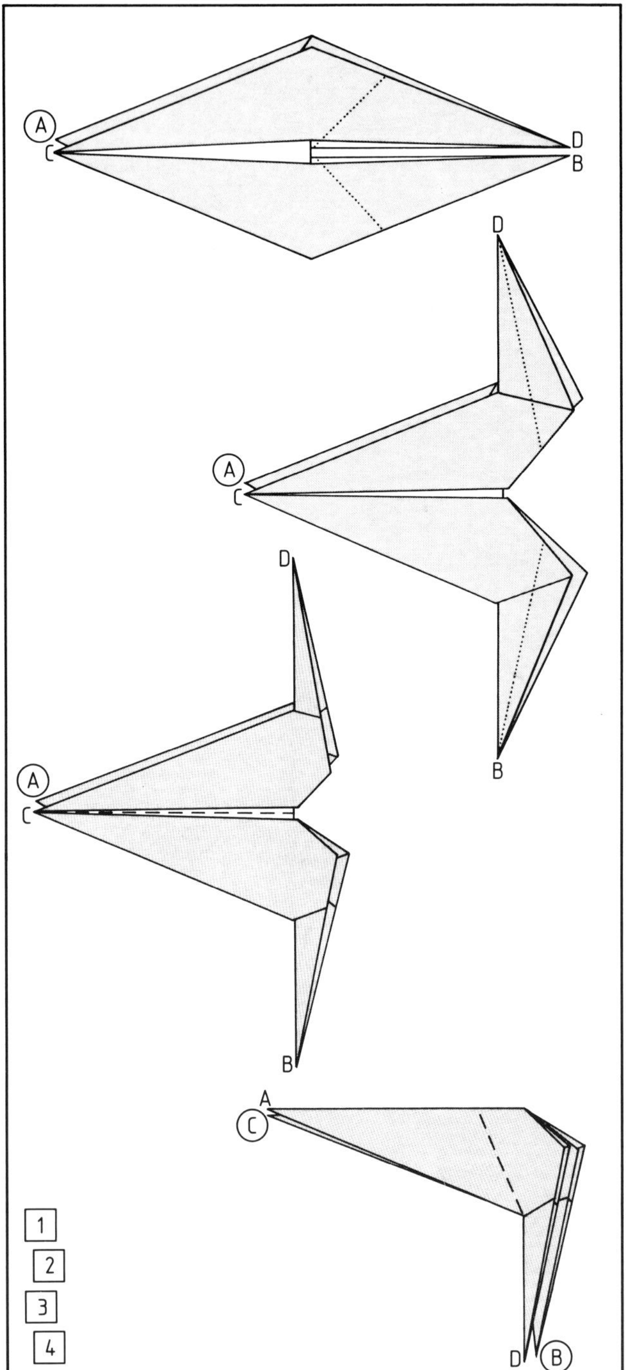

Kopfteil

Bei den Spitzen **B** und **D** Gegenbruchfalten nach innen (Abb. 1).

Bei den Spitzen **B** und **D** vorn und hinten Bergfalten (Abb. 2).

Talfalte im Mittelbruch (Abb. 3).

Bei den Spitzen **A** und **C** eine Gegenbruchfalte nach außen, dabei beide Spitzen gleichzeitig falten (Abb. 4).

Gegenbruchfalte nach außen bei den Spitzen **A** und **C**, anschließend beide Spitzen gemeinsam falten (Abb. 5).

Bei den Spitzen **A** und **C** gemeinsam vorn eine Bergfalte. Gleichzeitig die Mittelbrüche der beiden Spitzen flachstreichen. Dadurch fallen die Spitzen **A** und **C** nach unten. Bei Spitze **D** durch Gegenbruchfalten das Bein formen (Abb. 6).

Bei den Spitzen **A** und **C** durch Berg- und Talfalte den Stirnwulst bilden. Schnauze formen und Ohren ausbilden (Abb. 7).

Durch Gegenbruchfalten bei den Spitzen **B** und **D** die Füße formen (Abb. 8).

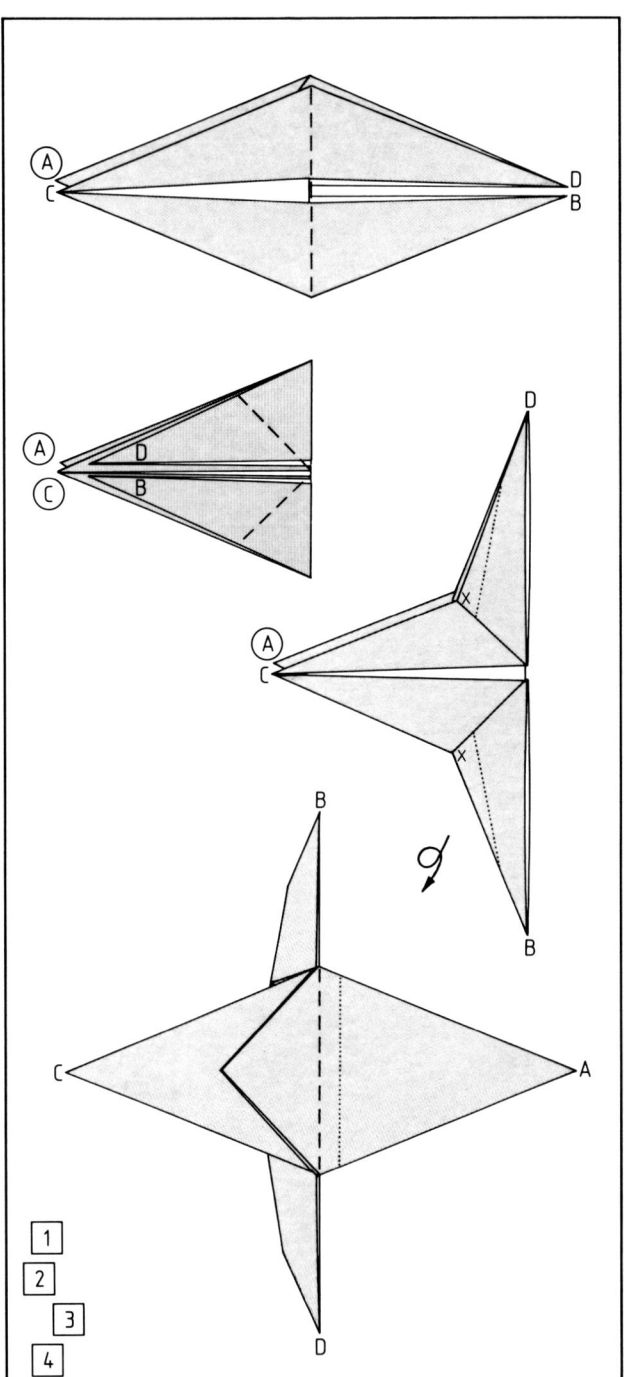

Körperteil

Die Spitzen **B** und **D** nach links falten (Abb. 1).

Bei den Spitzen **B** und **D** Talfalten – keine Gegenbruchfalten! (Abb. 2).

Durch Bergfalten in den punktierten Linien die jeweils doppelt liegenden Ecken **X** im Gegenbruch nach innen falten. Spitze **A** hinten nach rechts klappen. Arbeit wenden (Abb. 3).

Spitze **A** erst in der gestrichelten Linie nach links, anschließend in der punktierten Linie wieder nach rechts falten (Abb. 4).

Durch Talfalten in den Linien 1 die Spitzen **Y** an den Mittelbruch bringen. Talfalte bei Spitze **C** (Abb. 5).

Talfalte im Mittelbruch (Abb. 6).

Bei **Z** durch Gegenbruchfalten nach innen und außen den Schwanz hochstellen und ihn dann durch weitere Gegenbruchfalten beliebig formen. Bei den Spitzen **B** und **D** durch Gegenbruchfalten nach innen die Füße bilden (Abb. 7).

Kopf- und Körperteil zusammenkleben (Abb. 8).

Elefant

Kombination aus zwei Teilen

Ausgang: Grundform *E*

Kopfteil

Gegenbruchfalten nach innen bei den Spitzen **B** und **D** (Abb. 1).

Spitze **C** im Mittelbruch nach rechts falten (Abb. 2).

Spitze **C** einschneiden und in der Linie 1 bis zur Linie 3 nach links falten. Talfalten in den Linien 2, 3 und 4 bei Ecke **E** (Abb. 3).

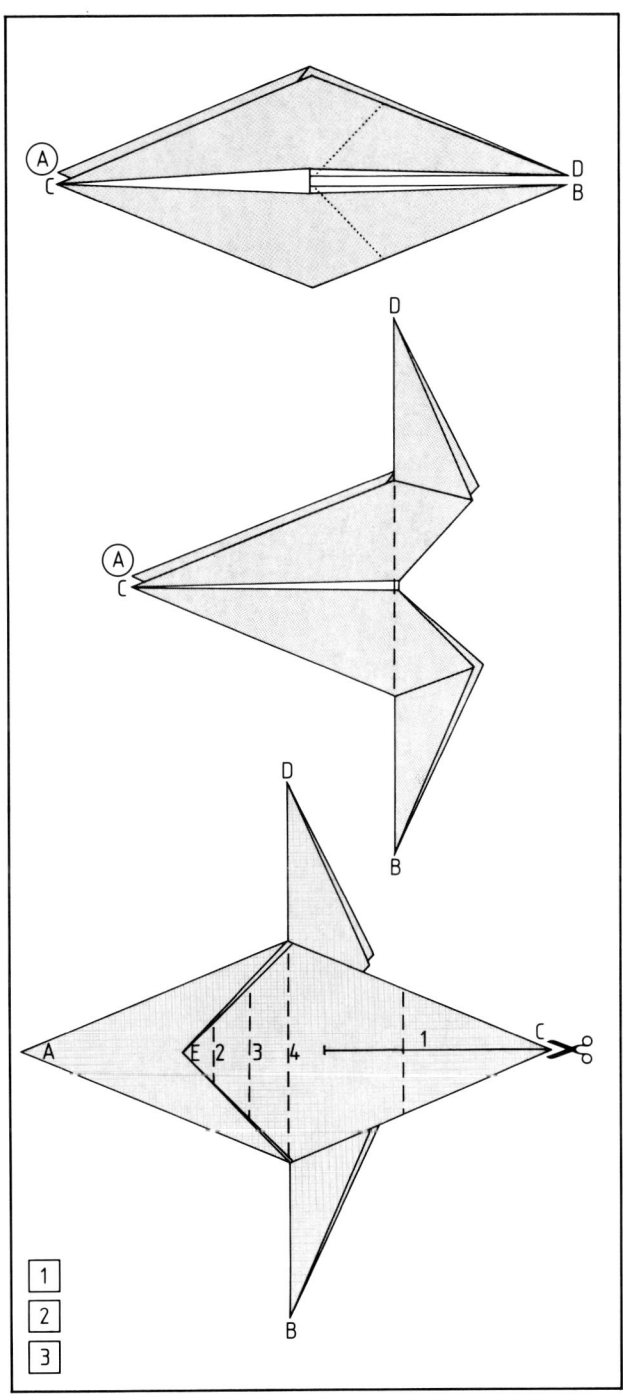

Bergfalte im Mittelbruch (Abb. 4).

Gegenbruchfalte nach innen bei Spitze **A** (Abb. 5).

Talfalten vorn und hinten bei Spitze **A**. Bei den Spitzen **B** und **D** durch Gegenbruchfalten die Füße formen (Abb. 6).

Durch Gegenbruchfalten bei Spitze **A** den Rüssel formen. Die Ohren in eine natürliche Form bringen (Abb. 7).

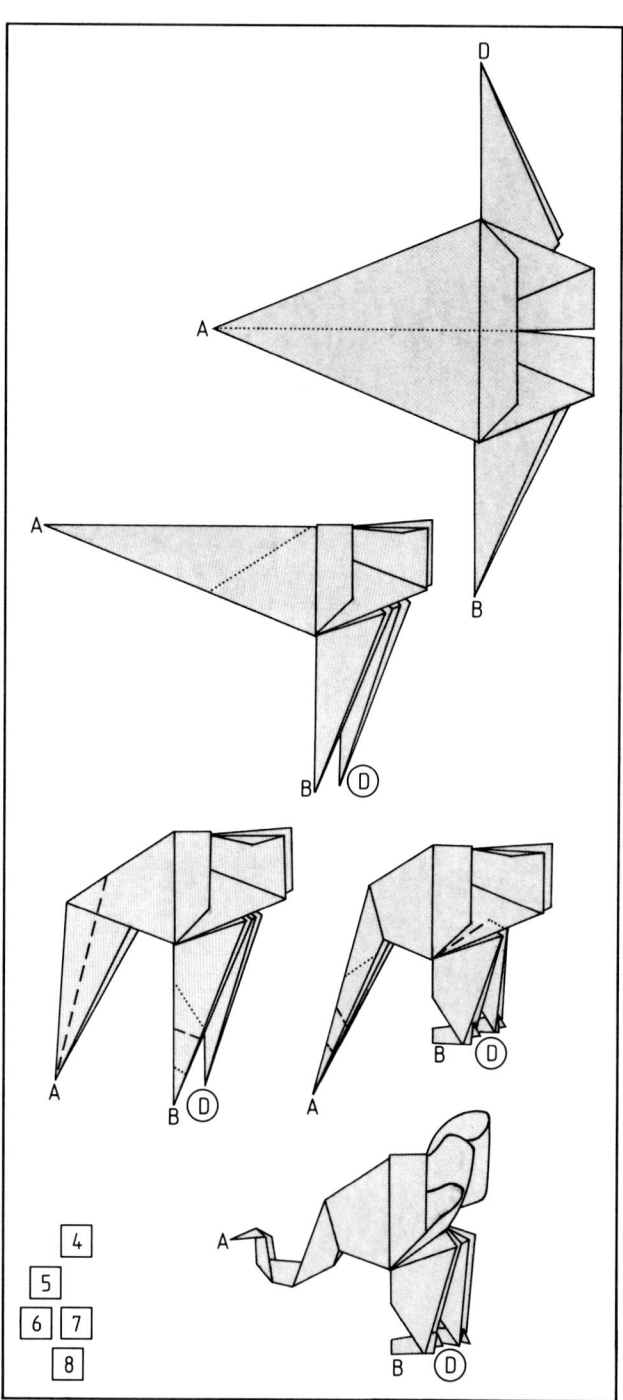

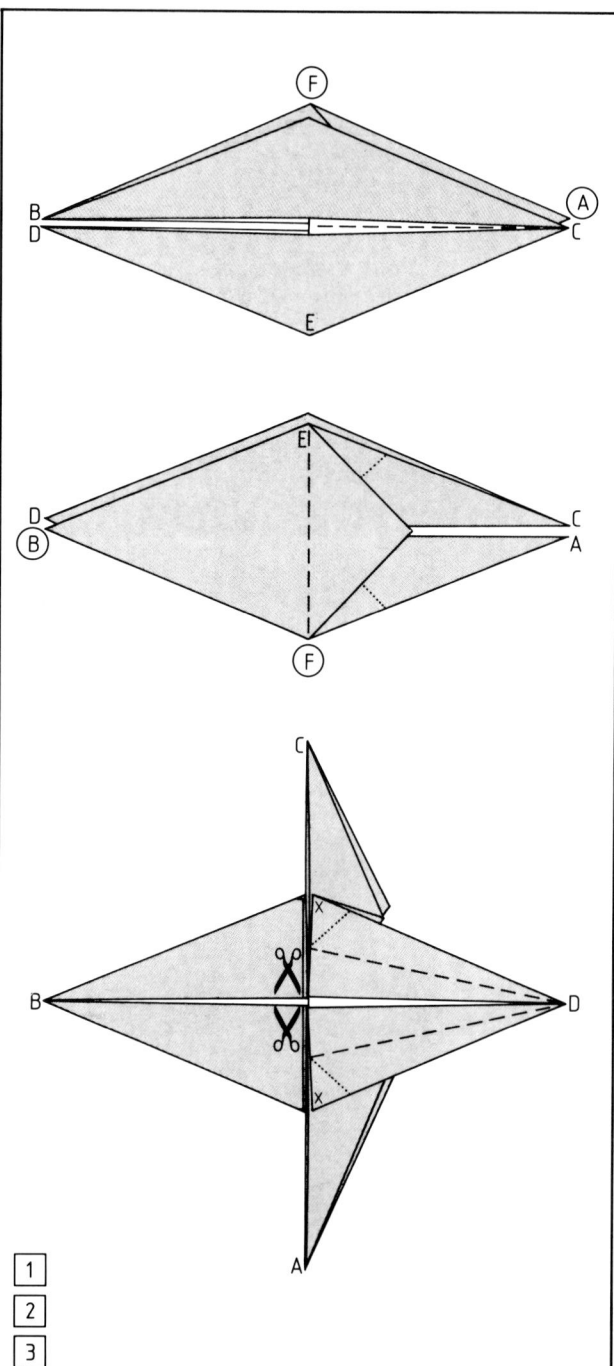

Körper

Im Mittelbruch vorn Ecke **E** nach oben und hinten Ecke **F** nach unten klappen (Abb. 1).

Gegenbruchfalten nach innen bei den Spitzen **A** und **C**. Spitze **D** im Mittelbruch nach rechts klappen (Abb. 2).

Talfalten in den gestrichelten Linien bei Spitze **D**. Durch Bergfalten in den punktierten Linien fallen die Punkte **X** an die aus Abbildung 4 ersichtliche Stelle. Die obere Papierlage von der Mitte her bis zu den Ecken einschneiden, und die dadurch entstandenen losen Teile nach außen schlagen (Abb. 3).

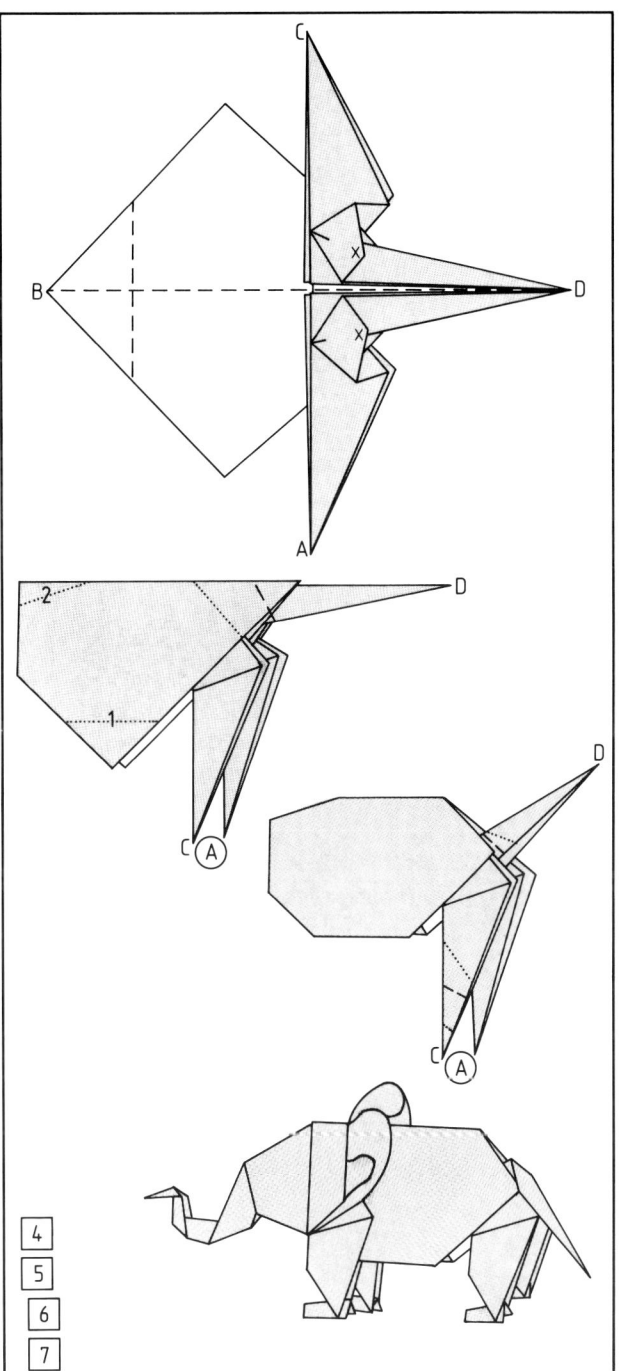

Talfalte bei Ecke **B**. Talfalte im Mittelbruch (Abb. 4).

In der Linie 1 vorn und hinten Bergfalten. In der Linie 2 eine Gegenbruchfalte nach innen. Bei Spitze **D** Gegenbruchfalten nach innen und außen (Abb. 5).

Durch Gegenbruchfalten den Hinterfüßen die gleiche Form wie den Vorderfüßen geben. Den Schwanz so nach unten falten, daß seine Außenkanten zwischen den Beinen liegen (Abb. 6).

Kopfteil und Körper zusammenkleben (Abb. 7).

Eule

(Farbfoto Seite 63)
Ausgang:
Grundform *E*

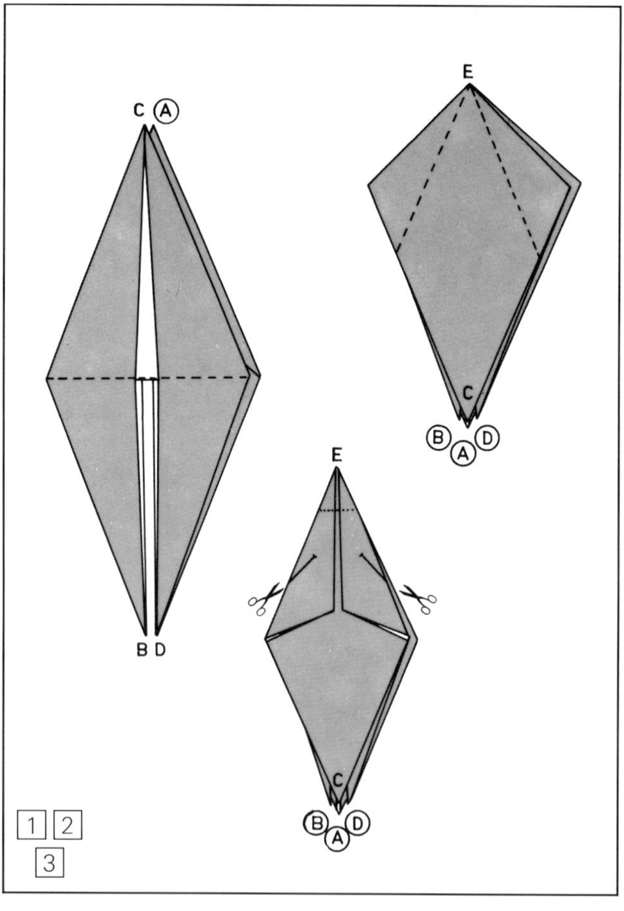

Spitze **C** vorn und Spitze **A** hinten abwärts falten (Abb. 1).

Talfalten vorn und hinten in den gestrichelten Linien (Abb. 2).

Bergfalte bei Spitze **E**. Die obere Papierlage an den bezeichneten Stellen einschneiden. Wenden (Abb. 3).

Talfalte bei Spitze **E**. Spitzen **B** und **D** seitlich herausziehen. Dabei die Punkte **x** nach oben schieben, so daß die Mittelbrüche dieser Teile flach liegen (Abb. 4).

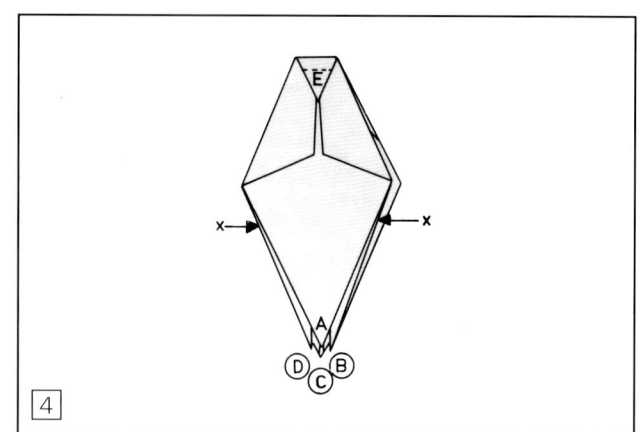

Talfalte bei Spitze **E**. Spitze **A** einschneiden und die einzelnen Teile seitwärts falten (Abb. 5).

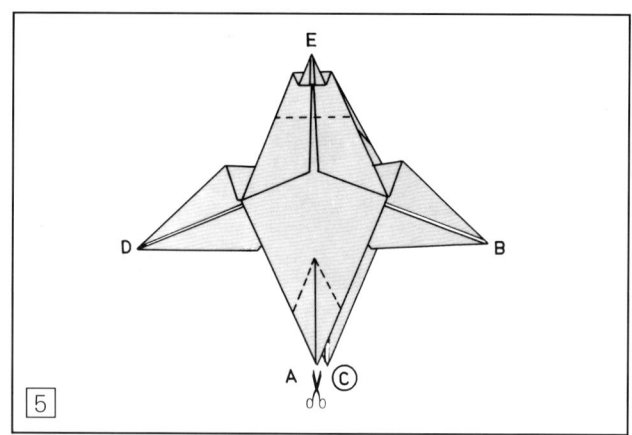

Der fertigen Eule (Abb. 6) können schließlich noch Augen aufgeklebt werden (siehe auch Farbfoto Seite 63).

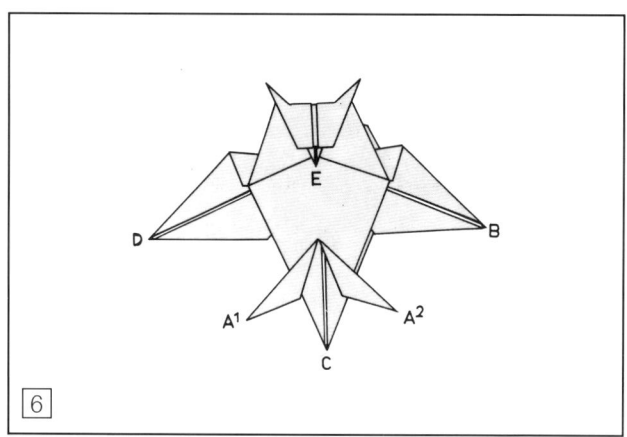